こんな大学教授はいりません

「淘汰の時代」に求められる人材

washida koyata
鷲田小彌太

言視舎

まえがき

1　日本の大学は大リストラを迫られている。大歓迎である。

同僚の若手教授が、大学をスリムにすればいい。オタオタしたってはじまらない。学生定員を減らし、教師の給与を半分にすればいい。こう教授会で呟いていた。その通りで、ついでに職員の数も半分にするといい。

大学はようやく**「愚者の楽園」からおさらばする好機**を迎えた。

日本社会は未曾有の時代に入った。大学はまさに氷河期だ。こんな時代に大学教授をめざすなんてトンデモハップン。こう思える人が多数を占めるのではないだろうか。

給与が半分、職員数が半分、これでは教師の生活も、大学運営も成り立ちゆかない。こう思うだろうか。そんなことはないと断言する。

もうとおの昔からアメリカの大学は、日本のとくらべて教授の給与半分、職員数三分の一程度で、やってきているのだ。アメリカにできて日本にできないわけがなかろう。日本人は自らの「勤勉」さを誇ってきたんじゃないの。

ではアメリカの大学は「愚者【フール】の楽園」でしかも「貧者【プア】の失楽園」なのか。そんなことはない。日本の大学とくらべて遜色ない。そんな大学に教師志願者が集まっていないか。志願者が殺到すること、日本の比ではない。

2　大学の「冬」の時代といわれている現実は、「常夏」の時代から、「春夏秋冬」、寒暖のある普通の時代に変わるだけなのだ。これは大学と大学教授だけに特有な変化ではない。国策会社であった日本航空でさえ倒産した。上場廃止と大リストラという大鉈を振るわなければ、経営者・株主もパイロット・従業員の過半は生き残ることができなかったのだ。

これまでの大学改革は、**教・職員のリストラ問題**になんら手をつけないですましてきた。いまや、大多数の大学が「愚者の楽園」を存続したままで経営を続けることができなくなったのだ。だがここで強調したいのは、経営問題の最大点は、「愚者」に代わる優秀な、すなわち、まともに研究し教育する情熱をもった教師の参入なしには不可能だ、ということにある。

研究熱心で、教えるのが好きなサービス精神に富んだ人がひとりでも多く大学教師に参入する、これは大学のつねに変わらない最重要課題なのだが、大学に定員を超えて学生（顧客）が押し寄せていたあいだは、ついついおろそかにされてきたにすぎない。

3　１９９１年、『大学教授になる方法』を書いて以来、さまざまな分野から大学教授をめざすこと、めざす意義があることを多くの人に勧めてきた。大学が「愚者の楽園」になる勧めをわたしが書いている、と誤解、曲解する人も稀ではなかった。

しかし**大学の生命は、今も昔も、よき教師がいきいきと仕事をすることにある**。よき教師とは研究に夢中になる・教育に情熱をもつことのできる人である。毎末明起床、すぐに机に向かい、淡々とその日の研究（仕事）をこなすことによろこびを感じることができる人である。教壇に立つと講義に、演習では学生との質疑に熱中できる人のことだ。21世紀は10年代にはいって、まさに研究、教育に秀でた人たちが大学教師をめざし、大学生活の中で存分に仕事をすることのできる**絶好機が到来**したのである。わたしが本書を刊行する最大の理由だ。

4 1966年、26歳ではじめて非常勤ではあったが教師の仲間入りをし、アルバイトをしながら多少とも研究に力を割くことができた。幸運に出会った。33歳で短大に定職をうることができた。給与は通常の半分であったが、幸運であった。41歳のとき郷里の大学に赴任することができた。大なる幸運期のはじまりであった。研究と教育に専念できたからだ。大学は「拡大」期にあった。21世紀をまたいで、バブル期から大学はいっきに減速期に入った。この傾向は10～20年では終わらない。

しかし**大学（経営）も、大学教授（職）も悲観する必要はない**。大学と大学教授が、戦後、ともに貧しくつらい時代からはじまり、60年代後半から成長拡大期を、90年をはさんでバブル期を、そして反転して減速期をつぶさに見・体験してきたものとして、そう確言できる。自分のやりたいこと、やりがいのあることに夢中になることができる、それが大学教授稼業であるという実感を失ったことがないからである。もし少しでもこの実感を疑うことがあったなら、定年延長の70歳まで、大学教授を続けてくることはできなかっただろう。

今回長い教師生活にピリオドを打つ時期に合わせるようにして、本書を企画編集してくださった、言視舎の編集長杉山尚次さんの厚意にあらためて感謝の意を表したい。ありがとう。

2012年1月末日　　白雪に埋ずもれてしまった馬追山から　　鷲田小彌太

こんな大学教授はいりません◉目次

0 大学教授「大失業」時代の到来か？

1 『大学教授になる方法』でいわなかったこと

2 こんな大学教授はごめんです

3 競争で充実か、無競争で衰退か

4 新教養主義の宣揚のために

0 大学教授「大失業」時代の到来か？

0.1 「氷河期」の大学？

1960年代末から高成長・拡大してきた日本の大学は、21世紀に入って「低」成長に転じ、足早に「ゼロ」成長期を終え、急速にマイナス成長期に突入した。「異常」かつ「緊急」状態を迎えたのか？　そんなことはない。

経済学の父といわれるアダム・スミスがその主著『国富論』（1776年）で、「大学や教師の値打ちと無関係に、一定数の学生を入学させる結果となる諸制度は、大学間、教師間の自由競争を阻害する」と的確に指摘している。およそ250年前のことである。

自由競争のあるところ、**大学に倒産、教師に失業があって当然である**。結果として大学が再生

（リストラ）する。いま日本の大学と教師が経験していることは、自由競争を基盤とする社会においては、異常ではなく、正常なのだ。

❖大学教授は「大衆」である

かつて大学は俗界から超然と立つ「象牙の塔」といわれた。すでにして遺物である。大学教授は「世間」から乖離した「研究室」の住人というイメージはまだ残っているかもしれない。だが幻像にすぎない。大学教授はサラリーマン化したといわれるが、昔からサラリーマンである。ただし特殊なサラリーマンにすぎない。しかしその「特殊」も戦前の旧制大学教授のような「稀少」かつ「特別待遇」という意味ではない。**全国の大学の教員数は**常勤だけでもおよそ20万人を数える。これは**高校教員（本務校勤務）の数に等しい**。つまりは正確な意味でエリート（稀少）ではなく「大衆」（多数）なのだ。

❖大学教授は「準公務員」

大学教授（准教授・助教を含む）が「特別」なのは、国公・私立を問わず、「公務員」と同じように、よほどのことがないかぎり、クビにならないし、降格も賃金カットもない（なかった）からである。したがって一度教授のポストを得ると、仕事の難易、成果の大小にかかわらず、

「ノルマ」という名の「一定コマ（授業）数」をこなせば、文句が出ない。

ただし国公・私立にかかわらず、大学間で給与と研究条件等で、格差がある。国立間の地域格差は小さく、公立間の地域格差は大きい。私立大学は千差万別で、ピンとキリの間で、数倍の格差がある。平均値でいうと、およそ2〜3倍の差になる。ただし先進国の大学教授と比較すると日本の教授の賃金も研究条件も、総じて、いい。

ただし地方の公立短大や私立大学のなかには劣悪な給与のところがいまでもある。教授は、アルバイト等でその劣悪さを私的に補わなければならないので、文科省で制限・禁止されているにもかかわらず、制限・禁止を超えるアルバイトを黙認している大学もある。

❖――研究・教育・コミュニティ活動

大学教授の仕事は大別すると「研究」「教育」「コミュニティ」活動に分けられる。コミュニティとは「共同体」の意だが、研究教育以外の、大学をスムーズに維持するために必要な活動のことで、「行政」（教学・事務・経営等）や課外・地域活動等のことである。

この中で唯一ノルマが決まっているのが「教育」活動である。「コミュニティ」は選挙（学長・学部長等）・選任（教学部長や委員等）・自発（ボランティア）等で決まる。

ただしコミュニティのあり方は大学で異なる。理事会の強い私立大学では、教授の授業（時間数・内容）やコミュニティ活動のチェックを行なうところもある。

大学教授の第一の本分は「研究」にある。しかし**研究活動は、准教授になるために学術論文3本、教授になるためには5本あればいい**（もちろん教授会の審査・承認が必要）。一度ポストを得れば、数年に1本書けばいい。書くと、ほとんど例外なく、大学・学部・学内学会で発行する「紀要」（研究機関誌）に載る。この紀要、予想に違わず、書いた本人以外、**ほとんど誰にも読まれない**。

じゃあ紀要なんか廃止したほうがいいのか。9割以上の教授の発表場所がなくなる。「研究」（なるものの）活動の実体を知ることができなくなる。事実上、ほとんどの大学から「研究」が消える。こう考えていい。

問題は、研究・教育・コミュニティ活動の割合（配分）である。**日本にはこの目安がない**。行政好きの人（1・3・6）もいれば、教育熱心（1・6・3）の人もいる。研究熱心（6・3・1）は少なく、授業以外何もしない人さえいる。

❖――研究生活は「フルタイム」

研究と教育は異なる。最新の研究成果を学生に教授するごく一部の大学学部・学科の講義・演習を除けば、教授が行なっている研究と、学生に教授する教育の内容は同じではない。

しかしいうまでもないが、研究活動がなければまともな教育にはならない。十年一日のごとく、同じノートで授業をしている教授はさすがにいなくなった。だが、ほとんど毎年、同じ内容のテキストを用いて授業するのでは、その内実は大同小異といわなければならないだろう。

「大学教授は気楽なもんだ」といわれる。夏と春に長期休暇がある。週に2、3日出校すればいい。「毎日が日曜日」というわけだ。そうだろうか。

アメリカの大学教授に、なぜポストを得るのが困難で、ポストを得ても劣悪な待遇・研究条件なのに、大学教授をめざしたの、と質問した。最低3カ月の「長期休暇」があるからだ。その間、自分の好きなことができる。安収入はアルバイトで補塡できる。こう返事が返ってきた。彼や彼女、一見して、研究好きとは思えなかった。日本の大学でも大同小異なのではないだろうか。

大学教授になったのは「研究」が好きだからだ、という人も、その大部分が、数年、長くても10年たつと、**「研究」に飽きる**。というか、研究意欲が細くなる。**多くは消滅する。**

研究好き、学問好き、いつも学問のことが頭を離れないという人は、大学では少数派である。しかしこれは世間でも、会社でも同じではないだろうか。「仕事人間」はかつても今も、人付き合いのわるい、非人間的な仕事マシーンと見られる。

研究は、他人から見ると「きらく」なのがいい、というのが私見である。つまりは「フリータイム」だ。しかし、内実は「フルタイム」である。休みはない。息抜きはあっても、エンドレスである。これが研究の研究たるゆえんだろう。T先生は、授業のない日は、早朝、ぱっちり目ざめ、すぐに仕事にとりかかることができる、という。研究者の本懐ではなかろうか。

0.2 大学の生態

大学は営利を目的とする企業体ではない。しかし事業がある。その事業に必須なものがある。基本的には施設（土地建物・諸設備）、人員（従業員と経営者）、経費（収入と支出）である。

大学が氷河期に入ったといわれるのは、経費が赤字に転じたからだ。**この赤字をどう埋めるか、**現在ほとんどの大学で頭を悩ませているのはこの問題である。

❖——収入と支出

大学の収入は、主として、学費・政府助成・寄付金・財テクである。大学独自の事業収入もあるが、長期的に見れば、大した収入にはならない。多くは赤字だ。

学費収入は少数の大学で頭打ち、ほとんどの大学で大幅減に向かっている。いわゆる定員割れによってだ。政府助成（国立＝予算・公立＝交付・私立＝助成）は減額傾向、寄付金はごく一部の大学でこそ収入源になっているが、ほとんどの大学で少額にとどまっている。財テクは、バブル崩壊（90年）やリーマンショック（２００９年）で大損害を蒙った大学が続出し、当分、穴埋めさえままならない始末だ。

つまりは、国公私立を問わず、大学の収入増の見込みはほとんどない、逆に、大幅減が長期に続くというのが偽りのない現状である。

この収入源に対する対策は、基本的に諸経費の削減（すでに1〜5割カット）、人件費のカット（人員削減・任期制導入・ボーナスカット・定昇ストップ・賃金カット）、諸事業のカット等で対応している。

❖――教学と経営

大学に経営なしといわれてきた。つねに定員一杯の入学者が見込め、定員増でより多くの学生獲得が見込めた時代には、「経営」は必要でなかった。どんぶり勘定でよかった。

しかし収支のバランスが完全に崩れ、各大学で「経営」がはじまった。教学を知らない、事業内容に疎い経営コンサルタントでも、一時的に成功することがある。カンフル剤としてだ。しかし、長期的に見て、成功はおぼつかない。教学の実情を知らない、**教学の充実を図らない経営は、大学がもつ独自の魅力を失って**、早晩、教職員と学生にそっぽを向かれ、**破綻する**。いま多くの大学がこの道を歩いている。

❖――「工場」と「牧場」

大学は事業体である。ただしベルトコンベア式の工場ではない。いってみれば放し飼いの牧場である。広い敷地も大きな校舎も放し飼いのためにある。学生も教授も、程度の違いはあれ、一定の課業（タスク）を果たさなければならないとはいえ、フリー・ランナーである。餌（授業）も与えられるが、自分の頭と足で歩き回り、牧草や水は自分で飲む。教授と学生とを問わず、**自学自習、自立自律が大学生活の基本中の基本**である。

この基本中の基本がなくなった大学は、大学たる意味を失う。日本の過半の大学はすでにこの基本を失っている。大学側が、何から何まで学生を手取り足取りで教え込むシステムに変じつつある。**大学の幼稚園化**だ。

0.3 大学「生き残り策」はあるか

しかし、試験がなければ学ばない学生、昇格に必要でなければ研究しない教授、このあたりまえの大学生活を変えるのは不可能なのか。そんなことはない。

❖倒産

もう10年前になる。「大学・大倒産」の時代が来るといわれた。たしかに「経営」難に陥って、廃校（倒産）になった大学はある。しかし立地条件も無視し、大学設置基準をさえ満たすことができなかった「無能」大学であった。留学生を入学させたが、出稼ぎ学生で、授業（出席）事実のない「不良」大学であった。

じゃあ「大倒産」の時代はやってこなかったのか？　そんなことはない。

全国の四年制大学・大学院の過半、短大の7割近くが定員割れである。すべての大学で、大小にかかわらずリストラが進行している。これは異常事態か？　そんなことはない。

日本の事業・仕事は、ビジネス体・非ビジネス体を問わず、規模の大・中・小・零を問わず、例外なく、激しいリストラの波に洗われている。とくに激しいのは、マスコミであり出版界である。教育界は、大学を含め、まだましなほうなのだ。ただし大学には避けて通れない問題がある。

❖「定員」割れ

日本の大学は「定員制」である。正確には政府（文科省）が各大学の収容定員を決め、その定員に見合った設置基準を課している。

したがって、定員減になったからといって、基準に示された教職員数、施設条件等を下回るリストラをすることができない。というか、設置基準は「先行投資」である。一定期間その基準を遵守しなければならない。もし違約すると、ペナルティ（助成金カット・設置許可取り消し勧告等）を課せられる。もっと恐ろしいのは、ペナルティの内容いかんにかかわらず、それを課せられたと知られると、「風評被害」に等しい社会的信用を失い、志願者・入学者減に即刻つながる。

「定員制」は、定員を上まわる受験生が大学に押し寄せた時代には、弱小・無銘柄大学にとって、いわば「福音」であった。強大・銘柄大学や国公立大学が定員枠しか学生がとれず、弱小のほうに学生が自動的に流れてきたからだ。

だが大学進学率が頭打ちになり、少子化で大学進学者の数と大学全体の定員枠がほぼ同じになった現在では、弱小のみならず、中小大学が定員枠を満たすのが困難になってきた。

「定員制」がいまや多くの大学で足かせと化したのだ。

定員数の削減を政府に申請する。これが一つの方法だ。しかしまず、既存施設・設備が無用になる。人員削減が必須となる。前者は遊休と転用でしのげるが、後者は退職者があっても新規採用停止・削減で臨むしかない。それに定員を削減したからといって、定員枠が埋まるわけではない。

❖——自由競争

日本の大学は、大学が学生を選抜する時代から、教育・研究サービスを受ける「顧客」である学生が大学を自由に選択する時代になった。その顧客＝学生が好む大学に学生が集まる。広くいえば、生産者中心の時代から、消費者中心の時代になった。これが時代の趨勢である。

じゃあ、「お客様は神様だ」でゆくのか。ビジネスでは逆のことを教えている。「第一の顧客は従業員である」。なぜか。よき従業員だけが、顧客を満足させるにたるサービスを与えることができるからだ。よき従業員を集め、彼らにふさわしい待遇を与えてはじめて、**従業員が顧客を満足させる**ことができる。

よき従業員は何によって生まれるか。基本は自学自習と切磋琢磨によってだ。ふたつとも「自由競争」の別名である。

大学にもはや（もともと）定員制は不要である。各大学はその持てる能力（キャパシティ）にふさわしい学生数に教育サービスをすればいいのだ。教育サービスが悪ければ、客＝学生は来なくなる。学生が、教育サービス（授業や就職斡旋等）の他に、自学自習し、自分の知力体力を強化しなければ、大学を卒業したあと、早晩、彼は仕事能力の不備不足によって、リストラの対象になる。教授が自分の教育研究能力を高める努力をしないでポストに安閑と座っていることができる時代は去ったのだ。

アダム・スミスは、ケンブリッジやオックスフォード大学は名門ゆえに、その卒業証書をもらうために学生が押し寄せる。教授は、授業や研究に身を入れないでも収入が保障される。こう250年前に断じた。対して、学生が押し寄せない弱小大学の教師は、少ない収入しか見込めないから、収入を増やすためにできる唯一のこと、優れた独創的な研究と教育で学生を魅了し惹きつけることができる、と喝破した。これが自由競争社会の常識である。**教育と研究に情熱を燃やす大学教授が望まれる時代の到来**ではないか。

1 『大学教授になる方法』でいわなかったこと

大学教授は、やり方さえ間違わなければ、偏差値50でなれる、というのが、拙著『大学教授になる方法』以来の私の主張の第一である。

それでというわけではないが、偏差値の特に高い人も、あまり高くなく、いや、十分に高くない、しかし、熱意だけはある人も、大学へ、それも特殊な職場ではなく「一般的な職場」として、かなりの志望者数が押し寄せてきた。

そこで分かったことが、いくつかある。もちろん、以前から暗黙のうちに了解されていたことだが、大量にさまざまな分野の人が大学に参入してきて騒然となったことだ。それには、プラス面もあれば、マイナス面もある。「外人部隊」に期待することが多かった分だけ、マイナス面が目立つ、といってよい。端的にいえば、多くの大学は、大いに無気力で非生産的な共同体だが、大学外から途中参入した人たちも、違った意味で無気力で非生産的だ、ということが残念ながら判明した。

1.1 タレント教授の「効力」

1.1.1 タレント教授は許せない

少なくとも、大学の圧倒的な教師仲間から、嫌われ、嫉妬され、軽蔑され、疎んじられているのが、タレント教授である。

エジプト学で、毎度お馴染みのようにどんな媒体にでも、どんなテーマでも登場する吉村作治早稲田大学助教授（早稲田大学教授をへて、２０１１年退任した前サイバー大学学長）を、なにがなんでも教授にしない、というのが早稲田大学人間科学部教授会の、当時の共同意志であるらしかった。理由は、吉村が、タレントであるからだ。これは、十分に理不尽な「理由」だ。

かつて、中沢新一（当時・中央大学総合政策学部教授、現・明治大学野生の科学研究所所長）が、東京大学教養学部の採用拒否にあったのは、中沢がある種のタレントであったからだ。アカデミズムの「頂点」に立つ東京大学の学術「尺度」で計ったら、中沢の書くものは、どれも間尺に合わない、ということになる。規格外だ、ということだ（中沢に関していえば、これはもちろん、いわれのない不採用「理由」である）。

しかし、いうまでもないが、タレント教授が「規格」内ならば、それで「合格」か、というとそんなにことは簡単でない。

慶応大学総合政策学部（湘南校）は、加藤寛（経済政策）、江藤淳（文芸評論）、石井威望（経済政策）、草野厚（政治学）、小此木啓吾（精神医学）、竹中平蔵（経済政策）等のハイタレント教授を大量に採用した。彼らは、大学教授としての学術専門分野でも、もちろん並以上である。ぬきんでていた、といってよい。しかし、彼らが、新聞・雑誌、TV・ラジオで登場するのは、同僚たちには、正確には教授会では、歓迎されていない。講義とか会議の時に、タレント稼業をすることは、もちろん論外であり、御法度なのである。あくまでも、「余技」で、本業の邪魔にならないときに、あまり目立たなくするのがいい、とみなされている。

どんな有力な教授でも、タレント活動をすると、大学のなかで申し分なく肩身が狭くなる。しかも、講義や会議に穴を開けず、本来の研究活動もおこなったとしても、「異分子」とみなされる。

1.1.2 タレント教授「歓迎」

もちろん、まったく事情を異にする場合もある。

国政選挙になると、得票数予想で常にＴＶに顔を出してきた福岡政行が、駒沢大学助教授から、92年、白鳳大学法学部教授（政治学）に転出したとたん、白鳳大の偏差値がぱーんと上がった（といわれている）。駒沢という「二流」校ではタレントは許せないが、白鳳という「三流」校ではタレント「歓迎」（？）というわけだったのか。

また、新しい学部や学科を新設する場合、無名大学は、ハイタレント教授を引き抜こう、定年間近のタレント教授につばを付けよう、と躍起である。文科省への新設申請認可をスムーズにする理由づけと、入学志願者や就職先の企業の注目度を一気に高めるためである。

このように無銘柄校、学生が黙っていても集まってくる事情にない大学の理事者（経営者）にとってタレント教授は、知名度をあげ、人集めの「パンダ」よろしく大歓迎、ということになる。

しかし本当のところ、優良銘柄校でも理事者側にとっては、大きな声ではいえないが学生を招き寄せることのできる、社会の注目度を高めることのできるタレントを、歓迎しないわけはない。特にＴＶに出るのは大歓迎だろう。理事者や職員からすれば、訳の分からない「論文」と称するものを、「紀要」という誰も読まないところに掲載し、講義では自慢話しかできない教師よりも、自分の懐具合に関係ある「経営」に貢献する広告塔になりうるタレント教授を歓迎するのは当然のことだ。

しかしいずれの場合も、経営サイドから学生集めの「道具」としてタレント教授が遇されている、という点ではどの大学でも同じである。だから、数だけはいても、人集めもできず、これといった研究成果もあげることのできない、大多数の教師の嫉みの対象になるのも当たり前だ。これは、もちろん、大学だけに限ったことではない。人間が集まるところなら、程度の差はあれ、どこにでも生じる。

1.1.3 「タレント」が教授になる

ただし、問題は、教授がタレントになる場合ではなく、タレントが教授になる場合に、より多くある。

大学という閉鎖社会で、長い間うだつの上がらぬまま教師一筋で来たものにとって、マスコミの世界等で華やかに活動していながら、片手間の教師稼業をされて拍手喝采となったら、やりきれない心情になる。

確かに、偏差値50程度ということに関係なく、どんなに優れたものでも、**大学教授になるためには、平均すると、プラス10年の「途上=準備」期間が必要**になる。

ところが、異種業界であげた「成績」を引っさげて、いっきょに大学教授になってしまうのが、タレントである。人間である。長い時間、もんもんとやって駄目なのがいれば、ごく短時間で、ルンルンノンノンやって上首尾なのがいる。タレントは、もちろん、後者の型でなければやっていけまい。

タレントとは、いうまでもなく、能力者のことだ。落語に秀でていて、大学教授並以上の学識を蓄積している人は、稀ではない。桂米朝や枝雀ばかりではない。そして、「並」ならば、たくさんいる。しかも、タレントは、話し、演じるのが商売だ。学生の前で教える技術をそろえている。事実、桂文珍が、関西大学文学部国文学科で講じた「講義録」(その抄録が『落語的学問のすすめ』パート1・2　潮出版社)を一読してみれば、現役の教師として、白けてしまうくらい、うまく、面白い。

私は、原則として、異種業界のタレントたちが、どんな形にしろ、大量に大学教授の世界に参入してくることに大賛成である。タレントたちに、タレント芸を望むという意味ではない。つまり、大学が演芸場の延長になる、ということを望んでいるのではない。**タレントたちが、その「才能」の一端を、大学教育と研究の分野に転移して欲しい**、という意味でである。

タレント教授に望みたいのは、タレント芸を横流しにして、大学の授業に活用するというスタイルではない。その芸の蓄積を、論や学にまで広げる工夫をする行き方である。これは、しかし、考えられているほど簡単ではない。簡単ではないが、こういうことに余力をさくタレントが出てきて、大学のなかで縦横に活躍すると、大学もよほど変わる、とみなしたい。それくらい、**大学は、内部からは変わり難い**ところである。

1.2 官・民からの「輸入」教授の実力

1.2.1 「実際組」の実力

大学教授への中途参入組のなかで、もっとも目立つのが、**官僚組織やトップビジネスで活躍した人たち**である。この人たちは、概して、潜在的な能力に不足はない。もちろん、偏差値はとても高い。教えるという点でも、十分にこなす力はある。表舞台で活躍した経験が、なによりも「教育」には大切なのだ。また、例えば、行政の実際や国内外の実体経済に精通しているという点で、理論的であると同時に、実務的でもある。実務的経験は、大学のなかでは得がたいものだから、それだけでも貴重なものだ。

しかも、民間といっても、膨大な数の研究員を抱え、研究費をつぎ込んでいる研究所を擁しているシンクタンク出身は得難い存在だ。

例えば、三菱総合研究所である。１９７０年に設立されたこの研究所は、約８００名の研究員を抱え、年間２０００件以上の研究調査・開発プロジェクトを受託している、スーパーシンクタンクだ。経済・経営、社会・公共、システム・情報、科学・技術という4部門をもち、新たに、先端科学技術研究所を創立した、文字どおり、ビッグな総合研究所である。なまじの大学でも及びえない規模と実力を備えている。だから、むしろ大学からヘッドハンティングする民間研究所もあって、当然なのだ。

また、ジャーナリズムで活発な活動をしているシンクタンクもある。三菱化成生命科学研究所は、中村桂子（１９３６年生）、米本昌平（１９４６年生）、樋島《ぬでしま》次郎（１９６０年生）等、ベテラン、中堅、新鋭の生命科学に関する突出した研究者を抱えている。（中村は、早稲田大学人間科学部教授に、米本は東大先端科学技術研究センター特任教授に、転出。この分野でのヘッドハンティングは、今後非常に激しくなるだろう。大学で、研究者を内部養成しにくい分野であるからだ。）

また、官庁エコノミストという言葉があるとおり、財務・金融・経済産業省や日銀等に属するエコノミストの実力は、マルクス主義経済学という「形而上学」や「経済学」学を主体とする大学エコノミストよりも、もちろん上である。大学に転出した実力派を数え上げたらきりがない。野口悠紀夫（大蔵省→一橋大学→学習院大学）、竹中平蔵（大蔵省→慶応大学・ボストン大学→大臣→慶応大学）、植草一秀（野村総研→大蔵省→京大→スタンフォード大学）等は、もっとも注目されたエコノミストである。

さらに見落としてならないのは、理工系の大半の大学人（教授・准教授・助教・研究員・非常勤講師）は、民間企業の研究所からの転出組だけでなく、直接間接に民間企業と共同研究体制を組んでいることである。もちろん、人事の交流も激しい。高度科学・技術革命のまっただ中にいる現在、これは当然である。

かつて70年まで「産学協同」とは大学の研究と教育を企業の「奴隷」にする、堕落と自壊の方式のように非難された。現在は逆に、「産学協同」を実現できない、つまり民間の委託研究で公的研究費の不備を補えない、大学の講座・研究室・研究所・学部は、「無能」のレッテルを貼られるようになった。世はまさに、様変わりである。

1.2.2　これは食えない

しかし、官・民の転出組にも、食えないものはいる。その数は、必ずしも少なくない。一番食えないのは、民間でも、官庁でも、うだつの上がらなかった連中である。いってみれば**不満分子**だ。

この人たちは「正業」で大した実績を上げることができなかった。人間関係もスムーズではなかった。そんな人たちのなかで、いくぶん自分に恃むところのある人は、「正業」以外の、あるいは、正業と何らかの関連のある分野の「勉強」をこつこつとする。長い時間を掛けると、どんな「勉強」でも一通りの形になる。時間つぶしや趣味の段階から、漠然とした形ではあれ、特定の研究分野で「専門」めいた「仕事」になってくる。こういう人たちが、その「仕事」を引っさげて、大学に転出を試みる。**粘り強くチャンスを狙い、待っていれば扉が開く、というのが大学という「職場」**だ。

だが、こういう人はとても使いづらい。「正業」は中途半端、「研究」は素人に毛の生えたような類のものしか蓄積していないからだ。ところが、こういう人に限って、不満が「研究」の出発点であるから、自分に恃むところばかりが前に出てきて、過去の研究業績に学ぶ姿勢に欠け、無知を前提とする独善に陥り、やたらと学生を「低能」呼ばわりする。実に食えない人種である。

その次に食えないのは、**ただの定年組**である。

「現役」（現場）の時は、気力もあり、仕事も良くでき、理論的なことにも十分関心があった。しかし、地位が上がり、社会的評価が上がると、身体が肥満になる分、頭の方も、知的好奇心もスリムになる。定年後、遊んでいるのもなんだから、実績を積んだキャリアを生かして、大学でゆったりと「研究」し、学生とつきあってみよう、という「殊勝」な気持ちをもつ人が、意外と多い。

だが、教育「活動」は、それになれていない人には、想像以上に難しくやっかいなのだ。1年間、きちっと講義する内容を事前に準備し、スムーズにそれを学生に伝えてゆくだけでも、大変だ。たいていは、90分授業を10回分もしゃべれば、実務経験で蓄積した全内容は、ほぼ尽きてしまう。したがって、後は、緩褌（ユルフン）の駄弁の類に終始する。しかも、こういう人に限って、私の若いときは、と連発する。今の若い者はなっていない、と公言する。お前の褌がゆるんでしまっているのだ、ということを指摘され、暗黙のうちに了解することがあっても、表面的には「自尊心」が許さない。まことに始末に負いかねる人種である。

それでいうわけではないが、大学教授は気楽な稼業だから、なろう、なってやろう、という人は、ご遠慮願いたい。

しかし、平均値でいうと、官・民からの転出組のほうが、もちろん大学で棲息している既存組よりも、ましだ、といってよい。特に歓迎したいタイプがある。

1.2.3 歓迎すべきタイプ

第1は、**教えることの好きな人**だ。

世の中には、教えることが好きな人がいる。しかし、大学教師の多くは、元来、教えるのが嫌いである。嫌いだが、教えてゆくうちに、教えることの重要性や難しさが分かってくるというごく少数の人がいる。私も、その部類の人種だ（?!）。したがって、40歳代になってやっと、教育に目覚めるというごく小部分の人種の力で、大学教育が支えられている、といっても過言ではない。

教えることは、後天的な努力でも身につけることはできる。しかし、生まれつき教え方がうまい、教師にぴったりという人はいる。そういう人が、正業での蓄積を携えて、大学に参入されると、大学教育は一皮も二皮も剥ける、と断言してよい。

第2は、官僚組織やビジネス世界で、十分な力を発揮してはいるが、**官僚やビジネスと馬が合わない**、という人たちである。

大学には、ウルトラデモクラシーが横行しているから、合理主義的な「官僚」システムの導入が必要である。大学は、ビジネス世界で見向きもされず、使いものにもならない「研究」まがいのものが横行しているから、大学にはビジネスチャンスが落ちている、と主張することが必要である、というのが私の意見だ。しかし、これは、バランス上いっていることであって、大学が官僚組織になったらいい、ビジネス世界になったらいい、というのとは違う。

だから、官界やビジネス界のシステムに精通し、しかも、それとは違う世界に身をおくほうが自分の身の丈にあっているという人たちが、大学に来ると、大学にとっては好都合なのだ。まったくの官民嫌い、官民知らずは、これからの大学の教育・研究、ならびに、経営にとって、最悪の部類である、といってよい。

第3は、官僚世界やビジネス世界で**解きえなかった問題**を、大学教育や研究のなかで**解こうという意欲をもっている人たち**だ。

大学には、官界やビジネス界と違う価値意識がある。多くは、使いものにならないが、そればかりではない。主として大学で、実現できる解法はある。もっとも大きな問題は、教育である。教育・研究者を養成する教育も含まれる。

1.3 ポスト・ジャーナリストが使いものにならない理由

1.3.1 嗚呼、新聞社出身！

ジャーナリスト、とりわけ新聞人で、大学へ参入した人は多い。新設の国際××学部などを覗くと、かならず、**元新聞記者・編集者**がいる。

TVのコメンテーターでお馴染みの浅井信雄（読売新聞→神戸外国語大学）、韓国問題に強い山本剛士（毎日新聞→九州国際大学）、環境問題の石弘之（朝日新聞→一橋大学）、第八次選挙制度審議会委員長として「政治改革」のまとめ役になった内田健三（共同通信→法政大学→東海大学）等の「有名」に、無名を合わせると、枚挙にいとまがない。

また、新聞記者・編集者の現役組も、大学教授「予備軍」よろしく、こまめに「非常勤講師」の口を探す。実際に、多くの人が、パートで、マスコミ論とか政治学、婦人論とか生活科学というように、得意なセクションで教壇に立っている。この非常勤の何人かが、「定年」退職とともに、いつのまにか「専任」の大学教授の席に滑り込んでいる。

たしかに、新聞記者・編集者は、一見して「知」的な職業である。大学人のおよびもつかない知的好奇心を持ち、知的活動の能力を持っている人も稀ではない。しかし、私の知る限り、大部分は、そう、数の割合でいえば、90％以上は口の徒であり、頭の人種ではない、と考えたほうがいい。知的活動をしていないし、教育に対しても熱心ではない。楽して生きることに馴れた種族である。しかも、現状にたいするネガティブ・キャンペーンを習慣としてきたから、あれも駄目、これも駄目、学生は最低、というスタイルで授業に臨みがちになる。

その上、講義にたいする準備をきちんとし、駄弁の類ではなく、世界と日本、自然と人間にたいする広い見識を伝える努力を欠かさない人は、本当に少ないのである。何をいうか、そんな人間は、大学人にも稀ではないか、といわれれば、その通りと答えるしかない。正確にいえば、大学教授になりたいと思っている新聞人にかぎって、大学人のマイナス部分と私が考える全部の要素をもっている。これでは、新聞人が大学に新規参入する「効果」を見込めないばかりか、マイナス効果ということになる。

1.3.2　最も困るのは「硬派」組

新聞記者・編集者をはじめとするジャーナリストで困るタイプは、**自分たちは知的な活動をし**

ている、できる、と思い込んでいる人たちだ。繰り返しいえば、大学教授と共通するタイプである。

ジャーナリストから見れば、大学教授は馬鹿でもできる、と思いたくなる当然の理由がある。二、三回、大学教授と接触してみれば、自分の判断が間違っていなかった、と了解されるだろう。しかし、だからといって、同じ程度の人たちが、大学に参入してくるのは、大いに困るのである。

最も困るタイプは、「木鐸」気取りの人だ。最近は、「志」がはやらなくなったから、世の中の不足、不備を警鐘乱打して気炎を上げる人は少なくなった。しかし、その話し方、書き方を見ると、紛れもなくネガティブ・キャンペーンに終始する人は少なくない。あれも駄目、これも駄目、自分はいい子、という本田勝一、佐高信タイプだ。

もっとも、本田や佐高のように嫌みを徹底するのなら、まだよい。あるいはむしろ、「風」という匿名の超辛口書評で、なみいる物書きを震え上がらせた百目鬼恭三郎のように、「本音」だけで勝負するようなジャーナリストは、大学にとって願ったり適ったりである、といってもいい。

ところが、**我こそ正義の味方である**、世直し大明神の分身である、という「硬派」タイプに限って、勉強不足なのが多く、うぬぼれだけは強い。何かを呪い、そのはけ口に、大声を上げて、終わり、というタイプがほとんどだ。短い演説や酒の席でのように、大声を上げるだけの「舞台」では相応に振る舞うが、深く詰めてものを考え、やさしく噛んで含めるように教えなければならない「教壇」では、まるで駄目だ、と考えていい。

ところが、このようなタイプは、知的「権威」にはめっぽう弱い。もっと悪いのは、**「無名」に対してやけに強い態度に出る**ことだ。これも大学教授と共通するタイプだから、大いに困る。

1.3.3 歓迎したいジャーナリストのタイプ

しかし、よくよく見渡せば、大学が大いに歓迎したいジャーナリストはいる。

日本の大学は、1970年代まで、アカデミズムとジャーナリズムの間に「壁」をしつらえ、ジャーナリズムであるからという「理由」で、ジャーナリストたちをシャットアウトしてきた。ジャーナリズムを、現在、大学が必要としている理由は増大こそすれ、少しも減少してはいない、というのが私の考えだ。

大学、とくに**大衆大学の教師に現在最も求められているのは、教育能力**である。それも、特定の領域にだけ強い、専門馬鹿のスペシャリストではなく、広い見識と明快に語る能力をもったゼネラリストである。

ジャーナリストに求めたいのは、大学教授をしのぐ、スペシャルでマニアックな能力ではない。ジャーナリズムに本来的な**ゼネラルな能力**、あえていえば、広く浅い見識と、具体に即して明快な論理で説得的に語りうる能力である。**知的大衆性**である、といってもよい。

この点でいえば、大新聞で、細分化されたセクションの一部を担当する人たちよりも、むしろ、どんな分野でもこなさなければならない小出版社の編集者のほうが、ゼネラリストになる確率の度合いが大きい、とみなしていいだろう。

大学教育は、サービス業である。接客能力がなくては、とうてい良いサービスはできかねる。したがって、ジャーナリストでも、デスクワークに終始する部門より、視聴者、読者の前に顔をさらす度合いの大きな部門のほうが教育能力に適している、といっていい。話し方がうまいだけでなく、話すスタイル、ファッションにも神経がゆきとどいた人である。その意味で、TVやラジオ方面で活躍している人が最適だ。もちろん、ディレクターやプロデューサー、シナリオライターやアナウンサーよりは、エンターテイナーのほうがいい。私が現在スカウトしたいのは、競馬評論家の伊崎脩五郎とスポーツ・芸能得意で「おーっと……」のかつての古舘伊知郎である。

1.4 「留学」組が実力のない理由

大学教授たちの学歴を見ると、外国の大学・大学院名が目立つようになった。国際化社会のなかで、これは当然のなりゆきであり、大歓迎、かというと、そうもいっていられない。

まず第1に、日本で、大学、大学院といってもピンからキリまである。もちろん、圧倒的多数は、キリである。入学は簡単、出るのも簡単というところがほとんどだ。

アメリカの大学院でも、ご多分に漏れず、入学審査（入学試験はない）から、外国語の能力審査が除外されるところが、ほとんどという状態になった。英語以外は読めない、書けないという博士号取得者がほとんどということだ。だから、英語さえ相応にできれば、アメリカの大学院に入るのはやさしい。

アメリカの大学は、入るのはやさしいが出るのは難しい、とよくいわれる。しかし、出るのも、入るのに比べてやさしくないということで、特別のものではない。研究者を養成する大学院でも、テストや評価を難しくすると、大半の学生は落第してしまい、大学「経営」上の困難を抱えてしまうので、額面通りにはいかない、というのが実情である。

第2に、アメリカの大学院の多くは、留学生、それも東南アジア系の留学生でもっている、といってよい。西欧諸国には自国の大学院がある。アメリカ人の優秀な連中の多くは、専門家養成のプロフェショナル・スクール（ロー・スクールやビジネススクール、メディカル・スクールというような、卒業してすぐに「金」になる大学院大学）に進む。労多くして、功少ない教育研究者の道に進む若者は、少ない。それで、貧しいが（日本人はもはや貧しいとはいえないが）勉強熱心な東南アジア系の大学院生で席が埋まるという事態になった。

だから、アメリカの大学院生になりさえすれば、修士号はほぼエスカレーター式にもらえる。博士号も、日本の大学院の修士号クラスの内容の論文で、パスする、と見ていい。つまり、大学さえ選ばなかったなら、アメリカで大学院を出て、マスター称号やドクター称号を取るのは、簡単なのだ。

しかも、アメリカの大学院では、学部4年間の教育がゼネラルであるのと対照的に、細分化されたスペシャルな問題意識や対象の研究・教育が大半を占める。したがって、アメリカの大学院（だけ）を卒業して、大学の教壇に立っている人たちに共通のタイプが、**視野狭窄**であるというのも、致し方ないのだ。私は、この点が一番重大な問題である、とみなしたい。

極端にいえば、日本の大学院進学よりやさしいアメリカの大学院を、大した障害もないまま卒業したトッチャンボッチャンが、留学帰りの大学教授の多くを占めつつあるということだ。

1.5 女性教授の不勉強

大学が大衆化するにしたがって、また、女学生が大学生の過半を占めるようになってから、女性の大学教師が目立って多くなった。といっても大学全教師（常勤）数の20％（２００９年度短大・高専を含む）である。数にして３８９７７人だ。決して少ない人数ではない。しかも女性教師の比率は年々上がっている。

日本には、明らかに職業上の性的差別は存在する。しかし、大学教師に限らず、学校の教師は、いったんなってしまえば、女性だからといって、待遇上、極端に差別されることはない。その気さえあれば、善し悪しは別にして、「上昇」コースも困難ではない。

それに、女性の大学教授は、平均値でいうと、男性の教授たちよりも能力は上である、と見て間違いない。ところが、私の経験したところでは、その大半は不勉強であるだけでなく、ぬくぬくと席を温め、ポストにしがみつく、という手合であるというのも事実だ。

最も困るのは、堅実なのはいいが、冒険心がなく、視野狭窄なことだ。それに、実行力という点でいうと、お世辞にも褒められる人は少ない。新しい仕事、新しいポジションに誘っても、何かと屁理屈をいって、尻ごみする。それで許されるという実情もある。

凡庸な私がする「勉強時間」の半分でもすれば、すごい能力を発揮するだろうと思われる人も、女性の「特殊性」を理由に、うかうかと時を過ごし、気がついたら化石状態になっている、という人も稀ではない。

これはとても残念なことだ。私自身は、**大学教授は女性に最適な職業である**、と考える。しかし、男性の大半の教授と同じように、席を占めてしまえば、それで「進化」を終える。有り体にいえば、**大半が向上心に欠けるというのが現状**なのだ。

1.6 ポスト「定年」組の問題点

かつて知的な活動に関連のあった人の「定年後」の生活理想は、「晴耕雨読」と考えられていた。現在ならば、肉体上、筋肉労働に耐ええなくなったとき、願ってもない職業の一つに、大学教授がある、といってもいいだろう。

ある領域で、頂点をきわめた人や、大きな成果をあげた人の能力を、定年後に大学が再活用するのは、とても大切なことだ。大学や本人にとってのみならず、社会全体の「利益」からいっても、重要なことだ。経験と実績に裏打ちされた人たちの知識や実践を、若い人たちに残すことは、歴史的遺産を継承する意味でも、欠かすことのできないものだ。これは教育の最も大きな眼目の一つである、といってもいい。

しかし、「晴耕雨読」を理想とした人たちが、それを実践する段になると、実現不能に陥るのを常とする。人は、暇があるから読書ができるのではない。若いときから、きちんとした読む習慣がなければ、つまりは、暇がなくても寸暇を惜しんで読むことを続けていなければ、時間があり余るようになったからといって、読むことに没頭できる、というものではないのだ。

むしろ、老後、時間がたっぷりあって、書斎を新しくつくり、若いときに読もうと思っていた書物にかじりついても、もよおしてくるのは眠気ばかり、ということになる。書斎は昼寝の場所へと変ずる。

同じように、よほど強靭な精神力の持ち主でない限り、自分が習得した経験や知識を、若い人にうまく伝える労苦に耐えることはできない、とみなしていい。たしかに、数回の講義くらいならできる。しかし、**一つの講義は**、年間に30回、時間にして90分×30、話す内容にして60枚×30＝（400字詰め原稿用紙）1800枚、**著書にして（1冊300枚）6冊分になる**。そういう講義を年間、2つもち、演習を2つ、それに1ないし2の講義を加えると、膨大な量の内容になる。とうてい、自分一人の経験や知識の領域ではカバーしかねる。

したがって、どんな「正業」であろうと、広く世界のことに目をやり、新しい問題意識を吸収し、しかもたえず、自分でものを考えたり書いたりすることを厭わずにやってきた、**精神的活動において強靭な人たちのみが耐えうる仕事**が、大学教育なのだ、とひとまずは力んでいってみたい。つまり、定年後、省エネスタイルで取り組んでも、すいすいこなすことのできる仕事ではない。（もちろん、大学教授ほど、手抜き自由で、すいすいとすますことのできる職業はない、という実情を背景において、私は、これをいう。）

類は友を呼ぶ。大学教授の現状が、同じ劣性因子を呼び寄せる。これは避けえないことだ。だから、外部参入お断り、と私がいおうとしているのか。そうではない。

1.7 それでもなお、外部からの参入は大歓迎

私は、大学のシステムや設備、知識や技術、教育や研究スタイルが変わるためには、内部の大学教授たちが変わらなければならない、と考える。長い尺度で見れば、大学が、内部からも変わらざるをえないだろうし、変わることを疑ってはいない。しかし、大学ばかりでなく、特に知識や技術をこととする分野では、変換への「衝撃」は外部からやってくるのを常とする。

大学の現制度や大学教授の生活スタイルとは異なる分野からの「衝撃」があって初めて、大学の変化に加速度がつく。このことがとりわけ重要なのは、大学が「普通の社会」により近づくことが、現在の変化の方向を決める、と考えるからだ。日本も「普通の国」になることを要求されている。規制緩和や政治改革、地方分権などというキイ・ワードが飛び交っているが、いずれも、国際社会の普通の一員として振る舞うことができるようなシステムに変わることを要求されているのだ。大学も、「定員枠」という既得権を与えられ、終身雇用制と無競争の無風地帯と化した教授会等、社会主義のシステムを脱ぎ捨てなければならない時期はとうにすぎたのだ。

普通の社会で流通しているシステムや競争スタイルで生き抜いてきた人たちが、大学に大量に入ってきて、社会主義的な共同体の温室に身を潜めるのではなく、大学内でこの旧態依然のシステムを壊そうとしている人たちと共闘することは、大学にとっても、日本社会全体にとっても、計り知れないプラス要因となる、と考えて間違いない。

幸いなことに、日本の大学の変化も、ようやくのこと、普通の社会システムと、普通の知識人のスタイルが通用する方向へと確実に動き出している。この方向変化は、一方では大学の経営悪化によって余儀なくされたものだが、他方では大学外から参入した人たちの力にも与っている。極端にいえば、当分のあいだ、大学教師の新規採用者の特定割合（たとえば5割）を外部参入組が占める、という臨時措置が必要になるのではないだろうか。いったんは、普通の社会で知的訓練を受けた人が過半を占めるような教育・研究機関に大学がなるわけだ。こうなると、大学外にいる知的・技術的専門家の動向いかんに、大学が無関心でおれなくなる、ということにもなるだろう。

2 こんな大学教授はごめんです

以下、本章考察の基本立脚ポイントを示そう。

第1に、大学教授（教師）の過半を占める**「大衆」を対象の中心**においた考察である。

第2に、あくまでも**「現状」から出発**する。理想（アイディア）や使命（ミッション）やモデルをもとに、論を立て、考察し、評価しようとするものではない。

第3に、「革命」や「改革」よりも**「修正」や「改善」を主眼**とする。根本的変化を求めるような場合に見えるケースも、大学教授の現状があまりにも現実離れしている極端な場合であって、普通の社会常識に戻そうということだ。

第4に、大学は、大学教授は、一見してどんなに奇異であっても、社会と社会人の一端（パーツ）であり、それを鏡としている。別種の世界ではあっても、珍種ではない。この見地に立っている。

2.1 60年代の風景

日本の大学の雰囲気が、大きく変わったのは、60年代末から70年代はじめにかけた、大学紛争を契機としている。大学紛争は世界の先進国で同時に起こった。この紛争の前に大学生活を送った人と、この紛争を経験した人と、この紛争が跡形もなく終わったときに大学生活を送った人とでは、基本的に、大学観がまるで異なる、と考えていいだろう。私は、60年代に学生生活を送り、大学紛争のときは、大学院生であり、同時に、大学（非常勤講師）で教えてもいるという、二重生活者だった。

まず最初に、60年代までの、「牧歌的」な教師と学生との授業風景の3場面をお話ししよう。

❖——そして誰もいなくなった

教養課程、専門課程を問わず、たいていの「講義」は、最初、受講者で埋まり、3回くらいすると誰もいなくなる、というのが普通の風景だった。教師のほうも、それに対して、特に気にする、ということはなかった。実に退屈な講義が、がら－んとした教室で、淡々と行なわれた。

専門課程に進むと、「講義」の受講者が零になるのは先生に対して失礼だ、というので関連専門の学生が代わり番で、「出席」をするということもあった。

私たちは、十分に生意気だったから、さえない教師の講義をまともに聞く気など、なかった、といったほうがよかったかも知れない。教室が満員だったのは、万葉集の歌を教師とともに朗読する、歌う宗教のような授業で、パフォーマンス、というやつだ。私も、一度、覗いてみたが、気分が悪くなって、ほうほうの体で逃げだした。

❖──「はい、ノートを開いて、書き取りはじめ！」

緊張させられたのは、講義に書き取りのある授業だった。教師が登壇する。ノートを開き、書き取り準備、と大声を張り上げる。えっ、と思う暇なく、教師がノートを読み始める。ゆっくりだから、書き取り可能な速度だ。しかし、ずぼらを決めて書き取りをしないものなら、教師の声が飛ぶ。「さあ、書いて！」

一定の分量になると、教師は読むのをやめ、書き取りをしたところの「解説」を始める。それが終わると、また書き取り始め、に……。授業は、実にスムーズにすぎて行く。教師の独壇場である。私は、小学校の一年のとき、教科書も、コピーもままならない時代で、先生が、自分で探してきた教材を読んで、それを書き写すほかのなかった授業風景を思い起こしてしまった。

私には、この授業は苦痛だった。どんなに貴重なことが教えられていたとしても、私は、複製マシン、コピー機ではない、という気分なのだ。

❖私は真理を教えている、毎年同じ講義を繰り返すのが当然だ

最も権威のある（と思っている）教師の授業は異様だった。いちばん端に、お弟子さんたちがならんでいる。教授、助教授、助手、大学院生はもとより、すでに卒業して他大学で教えている先生もいる。

先生は、1冊のノートを取りだし、それを見ながら、ゆっくり話し始める。毎年同じ授業で、一字、一句違わないように、慎重に事が運ばれる。ジョークめいたことをいう個所さえ同じだ。そこで笑わないと、妙な雰囲気になる。もちろん、私語などは許されない。肩肘ついて、聞くなどというのは、とんでもない、ことだった。

毎年同じノートで、同じ文句を連ねるのは、もちろん、怠慢や手抜きの類ではない。「真理は一つ」という信念に基づいて、行なわれている。真理はここにある、いま、真理が伝えられている、というわけだ。

いま、私は、十分に歳を取ったが、私が受けた授業を懐かしく振りかえる、という柔らかな雰囲気に、まだなれない。一生なれないと思う。実につまらない授業を受けたものだという気持ちは、まだ失せていない。

でも、私たちの先生方は、やはり、「今の学生は、てんでなっていない」と嘆いていた。私たちも若かったから、自分の未熟さを嫌というほど痛感させられたことを除いて、当時、何か知的なことを教授され、それで喜びが増した、という経験を、ほとんどもたなかった。

それに、いま思い起こせば、ごく例外を除いて当時の教師は、能力も、努力にも、欠けていたように思える。教師は研究者だといわれる。だが、私の周りに、凄い研究者がいたわけではない。またよその大学を見ると、さらに惨憺たる状況だった。

ところで、私の経験を離れて、大学教授はどのような人種なのか、について少しお話しよう。

2.2 大学教授とは何か

2.2.1 研究者である——研究者教育機関はある

大学教授になるためには、特別の資格「検定試験」は必要ない。小学校を出ていなくても、大学教授になる可能性はある。しかし、**大学教授になる資格「基準」**はある。それが**学術上の研究業績がある、研究者である**ということだ。研究者である要は**学術論文**があること、学術論文の要は、その研究のテーマ、研究対象、分析、過程、結果等に、他の研究にない「**独創性**」(originality)があることだ。ところがこのオリジナリティが至難の技で、世にあふれている学術研究で「独創性」を誇りうるようなものは、ほんの一摑みくらいなものなのだ。

研究者になるためには、特別の機関に行く必要はない。しかし、研究者養成機関である大学院がある。そこに入って修士の学位論文を書くと、形式的には、研究者の「卵」として認知される。

2.2.2 教育者である——教育者養成機関はない

大学教師の**もう一つの顔は、教育者**、だ。自分が獲得した専門研究の成果を教授するのが、大学教授である。

ところが、研究能力に優れている教師が少ないだけでなく、研究能力に優れている人で、教育能力に優れている人は稀である、と思ったほうがいい。

しかも、自分の専門研究が、一般的な教育の対象に相応しい場合が、これまた稀なのだ。いや、一芸に秀でていれば、すべてに通じる、といわれるが、そんなことは奇跡に近い。世に「専門馬鹿」という。そんなのはいいほうで、専門知識が一応はあるからだ。馬鹿が、ただ、狭い専門をやっている、というのがほとんどなのだから。

そのうえ、大学教員の養成機関はない。教育実習もない。教育のほうは、お好きにどうぞ、自分勝手でいい、ということになっている。会社では、仕事を先輩が教えてくれる。しかし、大学は相互不干渉を絶対原則としている。教師は教えるのが下手で当然なのだ。

2.2.3 教授会の一員である――大学の管理・行政の一員である

大学教授の今一つの顔は、**教授会の構成員**である、ということだ。大学の教授会は、経営管理者と労働組合が一つになったところ、と考えてもらえればいい。教師の身分は、よほどのことがない限り保証され、クビになることはない。教師の任免は教授会で決める。ただし、教授会は教師のクビを切ることは出来ない。

しかも、教師は、身分が保証されているだけでなく、完全平等である。筒井康隆の『文学部唯野教授』で、主任教授の横暴が批判されている。しかし、それは、教授が事実上助教授や助手の任免権を持っていた講座制が残っている一流大学のことだ。実情は、有能無能に関係なく教師(＝1票)の多数決ですべてが決まる、というのが、ほとんどの大学である。

教師が経営者で組合員という、中世ギルドの共同体なみの自主管理組織が教授会である。教授会が大学の経営と行政を、かなり意のままに動かすことが出来るため、学長、学部長になりたい人が後を絶たないわけだ。むしろ「政治」など嫌いという人ほど、行政に手を染めると、楽しくなるものだ。人間の最大の悦びは、人を自由にコントロールする支配欲である。しかし、普通、支配には責任が伴う。ところが、大学の場合は、責任はうんと小さい。最悪の場合でも、「長」をやめればいい。教授は辞めなくていい。同僚や学生を支配することが、楽しくないわけはない。それで、研究と教育のほうが、自ずと疎かになるわけだ。

趣味以上のものではない「専門研究」を後生大事にする、授業がまったく非知的でしかも面白くない、管理行政にうつつを抜かしているもの、**大学の教師の大多数**を色分けすると、この3態になる。

2.3 教育者としての教師

大多数の大学の教師がなすべき最大の仕事は、教育活動である、というのが私の意見である。講義にかぎらず、教育活動が教師の主体であることに変わりない。ところが、私を含めて大多数の教師は、教育活動を主眼にしたトレーニングを積んで教師になったのではない。教育活動は、あくまで「従」ないしは「非在」とみなしてきた。

しかし、大衆大学（多くの学生が行く大学）で必要なのは、研究者を養成することではない。特殊で高度な技術者養成でもない。大衆大学の教育で必要なものは何か、このことに的を絞って教育活動が組み立てなければ、大学の生き生きとした再生はないのだ。

それで、**大衆大学に必要な教育者像と教育能力**について述べていこう。

2.3.1 どういう人が大学の教師になったか——非社交性

「私は、社交性がないし、一人で淡々と生きるのが好きだから、公務員になりたい。役場の職員になりたい」という学生がいる。少なくない。気持は分かるが、とんでもないことをいっているのだ。

公務員はサービス業である。それが、「接客」嫌いでは、どうしようもない。こう学生に断じたが、他人ごとではない。

大学の教師集団を見ていると、この学生と同じように非社交的で、一人でいるのが好きだから、正確にいうと、人に相手にされないから教師になった、というのがほとんどのように思える。非社交性というのは、正確にいえば、相手にサービスするのが苦手でもあり嫌いだ、という人種だ。これでは、学生に対する教育サービスを不得意とするのは当然である。

しかも、大学の中は完全平等性の社会主義である。自分のことだけを主張していても、孤立することを怖れなければ、何不自由なく生きて行ける。こういう人たちと付き合ったり、酒を飲むのは大変だろう。ましてや、学生の苦労は大変と思える。

2.3.2 教育するための技術——内容・表現・評価

面白い授業という。しかし「面白さ」とは何だろう。最低限の条件をあげれば、第1は知的である、第2に内容に興味が湧き、第3にその内容を表現することが巧みで、そして第4に授業の成果を試験等で適切に評価できる、ということになるだろう。

ところが、この最低限の条件をクリアしている教師は何人いるだろうか。教師は学生の思考力の浅さ、表現力のなさに非をならす。だが、わたしの見るところ、知的内容の低さも表現力のなさも、問題はより教師の側にある。

教育で最も大事な「技術」は「知的である」ということだ。英語で、それがどんなに「基礎」だからといっても、小学一年なみの内容を繰り返し覚え込まされても、授業に興味は湧きかねる。知的好奇心をそそる内容・表現・評価をどうするか、ここがポイントである。教育に第一に求められているのは知的研鑽なのだ。

2.3.3 教育者としての情熱

大学教師は、研究者としての情熱を、建前上、要求される。しかし、教育者としての情熱は、要求も養成もされてこない。

研究は、黙っていてもするのが、教師である。研究活動＝仕事である。そのため、ほとんどフルタイムに近い時間と労力を費やしても厭わない。しかし、自分の内部から、教育活動に対する義務以外に、自然に、ふつふつと湧いてくる情熱があるかというと、疑問である。教育に情熱を感じるところが少ないからといって、手抜き教育をするかというと、そうではない。

こんな話がある。三井財閥の総支配人であった池田成彬（せいひん　1867—1950）は、玄関を出るときいつも出社拒否の衝動に駆られ、式台にへたり込みそうになったそうである。しかしそれは、出社してだれよりも精力的に仕事をこなすことを少しも阻まなかったそうだ。

ただし「好きこそものの上手なれ」である。たまにだが、いかにも教えるのが好きで好きでたまらない、という人に出会うとまことに羨ましい。

大学教師で、教育活動を情熱をもってやっている人は少数派である、と断言してもよい。この事実はやはり不正常といわざるをえない。若い教育に情熱を持つ人が、どんどん大学教師を目指すようになったならば、**事態は相当に変わる**と、期待するほかないだろう。

2.4 教育者として必要なもの

教師に必要な能力に、研究能力、教育能力、社交性、サービス精神、等などがある。もちろんブスより、見栄えのいいほうがいいに決まっている。社会常識や教養ももちろん必要だ。ユーモアに富んでいて、学生を楽しい気分にしてくれる能力の持ち主は、大歓迎である。年寄りよりも若いほうがいい。知的好奇心に富んでいて、ファッショナブルで、スポーツも出来、指導性があって、……その他その他、沢山ある。

ところがそのいずれの能力をとっても、期待されるほどの能力に（はるかに）及ばないのが、教師の実情でもある。私も教師だからというので、自己弁護するわけではないが、どんな職業においても、才能豊かで、人格が高潔で、スマートな人は稀少である。

男前は頭が弱い。社交性に富んでいる人は金がない。若い人は自分本位（世間知らず）で、指導性のある人は独裁的になる、というように、ままならない。でも、教師には、最低限の能力が必要だ。教師能力をより限定して、教育活動能力と言い換えよう。いくつかあげて検討してみよう。

2.4.1 「教養」

普通の大学の教師に一番要求されるのが「教養」である。この教養というのが、実は得難いのだ。狭い「専門」で一応の成果をあげるのは、最短で2年、たいていは10年もあれば十分である。だが教養はそうはいかない。

しかし、そもそも教養とは何だろう。これが判然としない。取りあえず定義をしてみよう。〈この時代に生きている人間だれもが、共通に持つことを要求されている、知識と技術の総体である。〉

大学で「専門」に対して「教養」科目というのがある。一見して、高校までの繰り返しに思えるのには、相応の理由がある。高校までの教科書に出てくる事項は、羅列的で、中身が薄く、ばらばらだ。知的好奇心を喚起する類のものは少ない。大学の「教養」は、知的好奇心を呼び覚まし、より中身を濃くし、しかも系統的に教える、ということを目指す。「教養」は、内容的には、広く、系統的で、過去の歴史ならびに生きた現代と深い接点を持つ。

この教養能力は、教養科目を担当する教師だけでなく、教師全体に必要なのだ。教養科目担当の教師とは、教養を専門に研究・教育する教師のことなのだ。と考えると、わたしの周りに教養を教えるにたる教師がなんと少ないことか。

2.4.2 表現力

教育に欠かせない能力に、表現力がある。この能力に欠けていたら、研究論文執筆・発表も、講義や演習も不可能である。ところが大学教師の表現能力は、実に御粗末といわざるをえないのだ。自分の語っていること、書くことが、学生に通じているのかどうか、と気にかけない教師は、そもそも失格である。教師本人の表現能力のなさを、今の学生は表現能力に乏しい、話させても、書かせても、討論させても、てんで駄目だ、というように、責任転嫁してしまう教師がいる。最低だ。

研究論文はわけの分からないものを書く。自閉症である。ぺらぺらしゃべるが、アーパーである。声も小さく、魅力的に語る努力さえしない。こんな風なのが、大学教師に少なくない。いや多い。表現能力を、特別磨く努力をしないだけでなく、そんなものは邪魔だ、研究者に相応しくない等、と考えている教師さえいるしまつだ。

2.4.3 サービス精神

教育とは、まず第一に、知識や技術をサービスすることである。知識や技術のない教師は論外だが、その知識や技術をサービスする精神がない人に、教育活動は勤まらない。

ところが、ほとんどの教師は、教師になる前も、なってからも、サービス精神に欠ける。そんな精神は、ビジネスマンやキャバレーの女給にこそ相応しいものだ、と考えている節がある。そんな人に、自分が研究したものを、きっちり、明快に、学生に教えることを望むのは無理だ。そんな人にかぎって、授業を受ける態度がなっとらん、知的水準が低い、教師を尊重しない等、と学生を頭ごなしに批判する。

サービス優先の時代である。教育に限らず、知識を提供する仕事はすべてサービス業なのだ。退屈で、知的魅力もない授業を、だらだらとやられたのでは、たまったものではない。

2.5 教師は忙しい(?)

大学教師が、「大学」(エリア)に身柄を拘束されるのは、通常、1年の4分の1である。ほぼ

90日ぐらいで、その外は、休日と自宅研修である。夏休みも長いし、実にゆったりしているように見える。

30代で教師になり、定年70歳まで、ゆったりした人生が送れる。これだけでも、大学教授になることを皆さんに奨めたい、というのが、『大学教授になる方法』という本を書いた動機の一つだ。

教師は、手を抜けば、徹底的に、のんびり、ちゃっかり過ごすことができる。これほど楽（イージー）なものはない。ところが主婦の仕事と同じで、きちんとやろうとしたら切りがない。これでよろしい、という限度はない。フルタイムでやっても追いつかない。

2.5.1 会議が長い

大学の教授会は、経営管理と労働組合を兼ねたようなところだ。この教授会には全員が出席する。その外に、正式な各種の委員会がある。教務、入試、学生委員会等だ。さらに、問題が起きたときの特別委員会、日常的な管理運営をスムーズにやっていくためのワーキング・グループ等、委員会がある。一人で、いくつもの委員会に属し、それなりの活動を強いられる。

委員会に属するだけならまだいい。**教師は会議が好き**なのだ。そうとしか思えない。だらだらと、長々と、つまらない問題でも時間を浪費する。何でも公開し、みんなで話し合いましょう、という純形式的な民主主義だから、長引くのは当然だ。長くなるのは我慢できても、どうでもいい、つまらない結論にしか達しない、というケースがほとんどだ。問題を適切に分析し、明快な結論を導く能力に欠けるからだ。

2.5.2 付き合いが多い

教師は、サービス業だから、当然、付き合いが多くなる。しかし、その付き合いは、教師同士の付き合いがほとんどなのだ。学内で、学外で、実にこまめに付き合いを強いられる。

「教師とは酒を飲まない」。**これがわたしの処世訓の一つ**だ。多くの時間をつくり出すためだ。その代償は、**「仲間外れ」になる**。仕方がない。

教師が仲間としか付き合わないのは、仲間としか付き合えない、からだ。酒場で、教師という と、うさんくさそうに見られる。実際もその通りで、ほとんど真剣に相手にしてくれない。教師は一見すると知的だが、アーパーで、見識がなく、そのうえ偉そうにするから、煙たがられて当然だ。それで教師同士と飲むのだ。飲まざるをえないといっていい。

教師は実によく付き合う。酒を飲む。時間無制限のようにだ。だが、同僚と学内の話をするだけなのだ。範囲も、話題も、実に狭い。

2.5.3 研究に追われている

教師が、研究に時間を取られるのは、当然だ。だが、2年に1本、論文を書く程度の研究でいいのだから、ゆったりしている。本人が、それを研究のつもりでいる、というケースがほとんどである。

ところが、研究をしだすと切りがない。それが研究だ。その成果を、書いて発表したり、著書にしようとすると、大変な労力を強いられる。もちろん、どれほど研究に労力を使い、内容の高いものを発表しても、まったく給料には関係ない。給料全部をはたいて関連資料を買っても、逆に、研究に一銭も金を投じなくても、給料には無関係だ。

しかも、研究にどれほど労力と費用をかけても、内容の薄い研究がほとんどなのだ。だれも読まず、チリ紙にもならない論文（ペーパー）の山ができる。つまりは無駄な研究に追われている、無駄をあえてしているのだ。何も研究しないのと、無駄に研究をしすぎるのと、はたしてどちらがいいのか。

2.6 教師は貧しい

教師は、外見とは違って、暇が少ない。そのうえ、十分に貧しい。**大学教師を志望する人は、10年間、無給で、多くは学費等を払って、研究に励まなくてはならない。**遊べない。結婚できない。これにはガマンできるが、つらいのは徹底的に貧乏なことだ。

30代に就職できても、最初は給料が安く、食べてゆくのがやっとで、相変わらずアルバイトに追われる、という人も稀ではない。40代以降、給料が人並みに近くなっても、生活（費）に追われる。自宅に、研究室も書庫もなく、まったく窮屈な場所で研究を強いられる日々が続く。60を過ぎてやっと余裕が出てくると、頭と体がぼけて、研究はおろか、外出も億劫ということになる。

だから、身も心も貧乏で、ケチにならざるをえない。これは人間をまちがいなく卑屈にする。つまらなくし、ゆとりをなくさせる。人間味のある、ゆったりした人付き合いを不可能にさせる。

2.6.1 学生と付き合う教師は稀である

大学は教師と学生が対等に大人づきあいができる場である、などと考えている人が稀にだがいる。だが、学生と付き合う教師は少ない。これには、しかし、笑えない事情がある。教師が貧しいからだ。大衆酒場にいって飲んで、教師が支払いをする、というのなら、学生も教師と付き合うことがあるかも知れない。しかし、割り勘なのだ。時には、学生の懐をあてにして飲む教師もいる。

世代も、趣味も、出入りするところも違う教師と学生が、集団で付き合うのは、そもそもがひじょうに難しい。楽しくない。それに、教師に金がないだけでなく、学生を惹きつける魅力に欠けるのだから、付き合いが稀になって当然なのだ。

教師と学生が、肩の力を抜いて付き合うというのは、どちらかがそうとう我慢しなければ、出来ない相談だ。ところが、自分を振り返ってみてもそうだが、教師に一番欠けるのが「我慢」である。教師づらをして、金もままならずに飲むのだから、学生に嫌われて当然である。

2.6.2 ダサイ

教師は本質的に貧乏だ。たしかに、フォーマルな服装くらいは揃えておかなければならない。しかし、趣味や余暇に欠けるのだから、洗練からはほど遠い。時代の、若い人の趣味や感覚の許容範囲の人は少ない。

ところが、教師のほうは、学生のスタイルや趣味を、まったく軽薄で、つまらないものと見下してしまっている。流行作家の小説など、見向きもせず、分かろうともしない。まだ十分に若いのに、年寄りじみて、そのうえ貧乏なのだから、教師がダサクて当然だろう。こんな教師が、学生とまともに付き合ったり、社会で軽やかに生きることが難しいのは、当たり前だ。しかも、妙な自尊心だけはある。ダサクて、しかも、可愛いげがないのだから、嫌われ者、ということになる。

2.6.3 生活費に追われて、終わり

教師は、40代まで貧乏だ。しかしその後、余裕が出来ても、自分の子どもを学校にやるのでやっとということになる。居酒屋でちびちびと酒をのみ、くだを巻いて、憂さを晴らすのが精々のところだ。

教師は、「貧すれば鈍」で、精神も貧しくなる。時代の最先端の問題を解決するようなエネルギーなど、どこを探してもない。人間を、特に若い人を、優しく包み、励ます、というような心を失ってゆく。そして、自分の先生方がたどったはかばかしくない道を、同じようにたどり始めるのだ。

当初、研究と教育に対して、少しはあった情熱を失ってゆく。あらゆることが、惰性になって回転し始める。新しいもの、冒険心の必要なもの、努力を要するもの、軋轢や矛盾から、顔を背け、背を向けてゆく。そうなると、きまって居直りが始まる。

時代が悪いのだ、自分を評価しないのが駄目なのだ、学生が無能なのだ、などという愚痴と自己弁護の篭のなかで、生き始める。これは、緩慢な死に他ならない。

2.7 講義回数が多すぎる

教師の主要な仕事が授業だ。授業形式には、講義と、実験、演習がある。このうち、講義はいかにも長い。1回80分ないし90分を、年間30回(半期15回)するのは、どんなことなのか、1度真剣に考えてみる必要がある。

1講義は年10回(半期5回)で十分だ。なぜ10回でいいのか。80分の授業を10回とすると、原稿用紙500枚前後を話す分量になる。堂々たる1冊分の著書だ。漫才でも台本がある。講義の台本を、1年間に1冊以上というのは、ちょっと無理というものだ。それに、まとまったテーマを500枚分くらいで表現しきれなければ、いくら時間をとっても無駄である。1年間に1冊著書(テキスト)を書く、空いた日時をそのために費やす。これでいいのだ。

2.7.1 年間30回講義をするとどうなるか

もし、年間30回、ぴしっと講義をすると、どうなるか。1回50枚、30回で1500枚、ほぼ1000頁に近い著作が出来る勘定になる。普通の著書に直すと、3冊分である。そんな講義を、3科目くらい受け持ったら、身の破滅だろう。講義は、毎年同じことの繰り返しではいただけない。繰り返しは精々3年が限度である。

ところが、現実に30回の講義数で、教師は案外すらすらと授業をやっている。しかし、水増しであり、同じことの繰り返しであり、だらだら授業の実践なのだ。いわずもがなのこと、教える必要もないことを、遅々として、やっている証拠だ。

講義に、新鮮さも、勢いも、まとまりも、凝縮度もなくて当然だ。聞くほうも、だらだらとしたのを通年聞くよりも、新鮮なのを、1年に、別な2～3科目聞いたほうが、よほどいいに決まっている。

2.7.2 テキストを読めば分かる講義はするな

自分の著書（テキスト）を買わす教師はけしからん、という声がある。だれでも書けるつまらない著書を買わすのはけしからんが、内容のある著作を買わして読ますのは、大いに結構である。どだい、授業を準備なしに聞いて、それで理解できるのならば、学問も、学問を旨とする大学なども不用である。教師の講義を摂取しようと思えば、その教師の著作くらいは事前に通読しておくべきなのだ。授業料は高いが、著書は、比較してうんと安い。

しかし、逆に、著書に書いてあることを、そのまま繰り返すような授業は絶対に困りものだ。講義は、著者（の朗読）の聞き取り、書き取りではない。手抜きの講義と誇られても仕方ない。

教師は自分の講義録（テキスト）を事前につくるべきだ、これがわたしの考えだ。それが親切というものだ。著書ならなおのこといい。その上で、講義いかんということになる。テキストという道しるべがあり、事前の理解があって初めて、講義は血と肉のあるものになる。変幻自在のダイナミックな展開が可能になる。

2.7.3 講義は旧制度の遺物である

講義は、中国や西欧の学術文芸を、翻訳摂取した時代の遺物である。もともと「講」とは「経典」の一節を「朗読」することである。朗読（聞き取り、書き取り）は、原書を買うことも、情報を手にいれることも、印刷・コピーもままならない時代の産物である。

教師が、原書のまずい翻訳・翻案をもとに講義録をつくる。それを、講義中に読んで聞かせ、書き取らせる。そして、解説する。いい翻訳書と解説さえあれば、3日くらいで読んで分かることを、大仰にも1年、30回の講義をしなければならなかった時代に特有なものが、講義なのだ。

ただし、講義を廃止せよ、といいたいのではない。もう、翻訳やコピー（に特別の価値があった）の時代は、その一番重要な役割を終えたのだ。教師が、自分の目と耳を、頭脳を集中させて獲得した知識と技術を中心に、講義をしなければならない時代にいるということなのだ。そのためにも、10回で十分だ、といいたい。

2.8 無能な教師を採らない方法

駄目教師を、その仲間であるわたしごときが批判しても、現に教師になってしまった駄目教師にとって、蚊が刺したほどにも痛くない。

教育改革の難しさは、改革案作成とその実現にあるのではない。どんなにシステムが変わっても、現在大学で教えている20万人の専任教師の大部分が、無能で無気力であることを、ストップさせることが困難なのだ。それが教師の既得権である。**最大問題は、教師の人事に自由競争の原理が働かないこと**だ。

これが、いまいる教師ではなく、新しく採用する教師により多くを期待せざるをえない理由だ。その新しい教師の力で、駄目教師を徐々に駆逐することが、改革の主眼になる。新採用方式の改善が重要な理由だ。

とはいえ、**いまいる教師の尻にも火を付ける必要**がある。そのシステムの転換が可能かどうかを検討してみよう。

2.8.1 新採用の「試用期間」

教師の採用は業績審査と面接によって決まる。業績がどんなによくても、教育活動に難があるかどうかは、1回の面接では、計り知ることができない。そんな未知の情報をもとに、教師は、教授会で1票を投じて、新採用を決める。当たり外れがあって当然だが、それでいいわけがない。定年まで、採用取り消しやクビはもとより、配置転換もできないのだ。

採用時、短い期間で、無能で怠惰な教師をチェックすることは不可能に近い。

それで、新採用の場合、3～5年の試用期間方式を採る必要がある。終身、身分が保証されている大学教師の場合、この試用期間制度は必須の条件である。

この試用期間で十分な能力を発揮できなかった人は、教師志望者をプールする機関で、再教育をする必要がある。

2.8.2 移動の流動化

大学教師は、一度ポストに座ったら、クビにならないだけでなく、(自分が望まないかぎり)

移動もない。これでは、どんな優秀な人でも澱む。ましてや、無能な教師の澱みは想像を絶する。有害無益そのものだ。

教師の能力を引き上げるためには、**移動や配置転換が必要**になる。基本は2つある。

1つは、一定期間以上、例えば、10年以上、同じ大学にいることができない、という制度だ。

2つは、大学の移動ではなく、一定期間、例えば、3年に1回くらいは、他大学に出向、留学を義務付けることだ。

いずれも人事の交流である。環境が変われば、リフレッシュ効果が生まれる。ある大学で十分能力を発揮できなくても、別な大学で活性化するケースは稀ではない。プロスポーツの「トレード」がモデルになる。

2.8.3 教師志望者のプール機関(再教育機関)

優秀な教師が集まらないのは、教師になるのが難しいからではない。難しいのは、どのようなルートを通って、いつ就職が出来るか、がはっきりしないことだ。前者はかなり改善されたが、問題は「浪人」(待機)期間の長さが分からないことにある。それで、大学教師志望者たちのために、**情報を提供し、教育能力を訓練**(**トレーニング**)**する機関、プール制度**をつくる必要がある。

これは職安のようなものではない。登録の条件を満たせば、全国の大学関係に資料が送られるシステムである。また、採用試用期間に正式に採用に至らなかった人を（一定の給与を保証しながら）、再教育する機関として位置づけることもできる。情報交換と、教育能力開発という2つの機能を持つ、このプール機関は、少なくとも、私立大学の間ではすぐにでもつくるべきだ。

2.9 教師が駄目なのは、いまに始まったことではない

はっきりしておかなくてはならないのは、教師がダメなのは今に始まったことではないということだ。自己弁護するわけではないが、今も昔も、優れた研究者は稀だった。優れた教員は、さらに稀だった。そんな、と思う人がいるかも知れないが、本当である。

昔は、社会全体が、大学教師を超エリートとして、社会的地位や給与等で、とんでもない特権を与えたので、偉そうに見えただけなのだ。優れた研究、優れた教師が、多かったわけではない。ただし、大学教師も、大学生も、数が少なかったから、稀少価値ではあった。

ごく例外を除いて、昔は凄かった、という類には眉に唾をつけないケースが多い。ただし例外は、どこでも・いつでもある。問題は、多数を占める教師の傾向だ。この点で、現在の教師大衆

は、かつての教師大衆と、基本的には変わらない、否、より優れている、といってもいい。

2.9.1 夏目漱石『三四郎』——南方熊楠

夏目漱石の『三四郎』を知っているだろう。

九州熊本から、東大に入るため、上京した三四郎は、学年開始の、9月11日に、登校する。しかし、大学は、どこも森閑としたままだ。授業は10日ほどして始まった。しかし、まったく分からないドイツ語の講義、あるいは、演説師顔負けの教師等と出会い、すぐに退屈し、あらぬほうへ目が行ってしまう。

これは、三四郎だけの経験ではない。１９６０年代に学んだ私たちも、同じようなものだった。おそらく、漱石の経験でもあったのだろう。

その漱石と、東京予備門で同級だった南方熊楠は、学校の授業に、教師に、まったく興味が持てず、落第を機に、退学する。熊楠が我慢して大学に進んでいたら、世界規模の博物学者は生まれなかっただろう。つまり、天才たちにも、大学の授業はとんでもなくつまらなかったということだ。

2.9.2　アダム・スミスとオックスフォード大学

スコットランドからオックスフォードに留学した、経済学の父アダム・スミスの場合は、もっと悲惨だった。教師は、授業開始時にお金（授業料）を集めに来るだけで、後はまともな授業さえ行なわれなかった。有名大学は、社会的ステータスを得る場にすぎない。スミスは、独学でオックスフォードを卒業するが、在学中、何も教わらなかった、と吐き捨てるようにいっている。その後、スミスは、故郷で大学教師になる。彼が強調したのは、競争のないところに知の発展はない、大学の進歩はない、ということだ。

日本の大学には、入る難易度で決まる大学のランク付けはある。しかし、教わる内容は、どこの大学でも大同小異だ。早稲田だから、関学だから、素晴らしい授業が行なわれている、というわけではない。これは、今も、昔も、同じと見ていいと思う。違うのは学生の偏差値だけなのだ。

2.9.3　予備校の教師は、大学教師として成功するか

大学の教師は、あるいは、学校の教師の授業はつまらない。それに比べて、予備校は講義も講

師も面白い、という言い方がされる。確かに、そういう面もある。

しかし、予備校の教師が大学で教えて、面白い、と思われるだろうか。そうは行かない、というのが私の意見だ。

予備校の目的は単純明快に、一つである。大学合格、このために学校も、教師も、生徒も共同の力を組める。しかも「期間」が決まっている。短期決戦だ。勝負もきっちりつく。目的が単一で、方法・手段が単純明快だから、だれもが努力を集中できる。こういう状況で教えるのは、考えられているほど難しくない。

ところが、大学のように、目的は漠然、方法手段も判然とせず、いつやって、いつやめてもいい、評価はほとんど曖昧（いいかげん）である、こんな状況で教えるのは、考えているよりも難しい。

大学は主食と雑多な副食を食べるところだ。予備校では単品の「美食」が決まった数と量だけ提供される。単品の美食は美味しいが、飽きがくる。派手だが、底は意外と浅い。対して、大学で、不特定多数の学生に教えるのは、本当のところ雲を摑むような頼りげのないものである。というわけで、ダメ教師は、もっぱら教師の責任ではないのだ。その努力の程度には、学生も付き合って欲しいといいいたくなる。

2.10 日本の知的損失に果たす教授の役割

こういう思わせぶりな表題は、実に苦手である。「日本の知的損失とは何か」などということを特定しないで、議論を進めなければならないからだ。いってみれば、「テレビは1億総痴呆化の元凶である」などという命題と、同じ響きを持つからだ。

私は、テレビも大学も、肯定的に必要だ、と考えている。否定的にさえ必要だ、と推断している。だからこそ、大学批判は必要だ、と見なしている。大学教師批判という嫌われ作業にも、手を染めている。

しかし、原稿の依頼者は畏友の川成洋だ。その要求をさばいて見せないと、情けないではないか。特定個別的にいいたいことはたくさんある。しかし、ここでは、あくまで総論的に、といってみたい。

2.10.1 日本の大学教授は劣っているのか

❖——歴史比較

日本の大学教授は劣っているかどうか。

私自身をも含めて、頭をめぐらしてみると、たしかに劣っている。**無知無能な教師がほとんど**である。しかし、こういう問題は、すべて比較の問題である。大学教授が、かつて優れていた、という事例に富んでいるのなら、現教授の無能は厳しく批判されなければならない。無能なものは、すべからく「追放」すべし、ということにもなろう。

時代を問わず、優れた教師がいた。今もいる。しかし、大部分は、大したことがなかっただけでなく、無知無能だった。ただし、私は、よく調べもしないでこれをいう。でも、間違ってはいないと思う。私の大学生活35年ということに限っていうのなら、間違いなく、今の教師のほうが、平均点は高い。私たちの時代、敗戦のどさくさ紛れで大学教授になった手合いで、大学が占拠されていた。

もっと高尚な事例を出せば、プラトンのアカデメィアである。プラトンは、後継者を、アリストテレスとせず、愛弟子を指名した。いちばん知的に優れたものが、大学に残らないのは、今も昔も変わらない。それに、これは、そんなに悪いことでもない。

近代日本は、西欧の学問を後生大事にした。その模倣が優れたもの、とみなされてきた。これは本当である。猿真似を笑い、だから日本の教師の知的レベルは低い、と考える人は、今も少なくない。

❖――国際比較

たしかに、優れた教師を比較すると、数では、西欧諸国のほうが多いかもしれない。でも、平均値となると、日本のほうが優れている、というのが私の考えだ。

嘘だと思うなら、外国の普通の大学教師とつきあったら分かる。教授資格を持ち、ドクターを保持している大部分の教師の知的レベルは、驚くほど低いのである。もちろん、書いたものを読んでも、内容で、うーんとうならされるようなものは、本当に少ない。

経済評論家の長谷川慶太郎は、外国語の習得を勧める。重要な文献を読むためにだ。できれば、留学も勧める。実体験をバカにしてはいけない。しかし、現在、いちばん情報が集まるのは、知的刺激に富んでいるのは日本だ、という。優れた知的活動の主力舞台を、日本におくことを勧めるのである。

日本の大学教授は、日本の知的領域で働く人たちよりも、劣っているだろうか。

たしかに、日本の民間の研究所や行政分野での研究者や技術者が、目を見張るような活躍をするようになった。しかし、比較の問題でいえば、両者の関係が逆転した、とはいえないのではないだろうか。一昔前までの民間の研究レベルが、低かったのである。

第一、研究分野が異なる。重なる部分、比較可能な部分に限れば、大学外の研究者や技術者たちのレベルがあがってきて、両者の境目がわからなくなった、というほうが適切ではないだろうか。

このようなおおざっぱな比較をしたからといって、大学教授の知的劣悪さを免罪しようというのではない。ただ、優れているか、劣っているか、は比較論法でしか決着の付かない問題なのだ。大学とそこで働く教師たちを、日本の「知的劣悪」の元凶とするのは、別な破廉恥を犯すことになる、といいたいのだ。

2.10.2　知的損失の要素

日本の大学教師が、**知的劣性において特殊なものではない**、という確認のもとに、その与えていると思われる知的損失について、考えてみよう。

❖——教育知的と研究知的の違い

いい研究者で、いい教育者は、数えるほどしかいない。いい教育者で、いい研究者は、さらに少ない。私の見回すところ、これが現状である。この点では、日本でも、外国でも、基本的には変わらない。歴史比較でも、国内比較でも、同じである。

特殊な部門で、少数を相手の研究は、即、教育訓練になる場合がある。しかし、多人数に基本的な知識や技術を教えるとなると、もっぱら教育的機能を帯びることになる。その教授内容は、高度で独創的な研究とは直接無関係なものが大部分を占める。だから、圧倒的多数の大学教師は、特殊に専門的な研究を期待されているのではなく、教育活動を期待されているのである。

つまり、**大学教師の大部分は、まず、教育活動のための研究に総力を挙げるべき**なのだ。

❖——教育能力がない

ところが、日本でも外国でも、大学教師の能力評価は、「研究」能力に限られているのである。教育活動でどんなに成果を挙げても、能力査定にはほとんど関係のない仕組みになっているのだ。

その上、一度大学に採用されてしまえば、教師たちの大部分は大学をすみかとし、大学人としかつきあわず、まったく世間知＝世界知とふれあうことのない、コモンセンスに欠ける人間集団なのである。

しかも、特殊な専門教育ではなく、高度な世間知（教養）を教えるのには、幅が広くて底も浅くない仕方の研究が必要になる。多様な手法が要求される。大学教師にいちばん少ないタイプは、高度な教養知の持ち主なのだ。

次代を継ぐ学生たちに、高度な専門研究がまるで駄目で、その上、教育活動もおざなりで、良識と教養に欠ける教師たちが、毎年毎年、対面する、ということになる。大学生が、知的・技術的に向上しようとすれば、自学自習しかないのである。

もっとも、教師が、研究も教育も無能だから、学生たちにほとんど知的な影響力を与えない、という「功徳」はあるかもしれない。

❖――教師の教育能力養成機関がない

このような現状なのに、日本にも、世界にも、大学教師の教育能力を養成する機関、再開発する機関が皆無なのである。私は、**大学教授を、教育活動を主とする教授と、研究活動を主とする少数の教授に分けたらいい**、と考える。教育教授になるのは、研究教授になるよりは、うんと難しい。訓練もいる。ところが、この困難な教育活動を、まったくの未経験状態のものが、多く受け持つということになっているのである。

もちろん、私だって大きなことはいえない。やってみればわかるが、教育活動を本格的にやろうとしたら、とてつもない労力と能力がいるのだ。知力も体力も、これによく耐えうる人間は、そう多いとは思えない。

❖――知的進化をやめたバカ集団

大学教授には、偏差値50でも、やり方さえ間違わなければなれる、というのが拙著『大学教授になる方法』のキャッチ・フレーズである。これは、極端な例を引いてのことではない。

大学教師の多数派は、知的進化をやめたバカである、と考えてよい。特に、1970年代までに教師になった大部分は、まともな就職先がなかったから、あるいは、自閉症で社会の中に適合できなかったから、大学院に残ったり、大学で就職にありついたグループだ、と考えて間違いない。できる人、知的進化を求める人は、最先端の企業に入った。

今、こういう集団が、若い教師たちの上にいて、無知の毒ガスを吐きながら重石になっているのである。バカはうつる、というのが私の経験からえた結論だ。後進たちを知的に無能にする役割を、大学教師の多くは担っている。

❖バカでも「研究費」は同額

大学は、講座に対して、研究科に対して、学部に対して、というように研究組織単位に応じて研究費が出る。また、研究者に対して、学生や大学院生1人に対して、というように人間の数を単位に研究費が出る。その額は大学別で異なる。

しかし、同じ学部内では、基本的に研究費の配分は丼勘定で、教師1人当たり等分ということになる。したがって、研究を活発にし大きな研究費がいる者も、まったく研究らしいことをせず研究費を使う必要を感じない者も、同額なのだ。研究能力のある進化したいと思う少数の教師は、研究をしない進化をやめた多数の教師たちのため、研究費を、研究活動を圧縮、圧迫され続けているのである。

研究しない教師、研究成果のあがらない教師から研究費を取り上げるだけで、どれほど大学の研究能力は増すか分からない。

❖「研究」課題に制約はない

大学教師は、本当に自由だ。**研究成果を挙げなくても、基本的にはとがめられない**のである。もともと、研究成果をめざさなくてもいいのだ。

たしかに、理科系の技術的な部門の研究には、継続性がある。前任者の課題を後任者が受け継ぐ、という意味でなら、制約はある。しかし、前任者がやめたら、施設はあっても適任の後継者がえられないなら、その課題は終わり、である。それに制度上は、基本的に新任者が、先任者の課題を受け継いでも継がなくても、「自由」なのである。

研究「課題」に制約がないし、内容の査定もほとんど受けないから、研究の名に値しない、気楽なものばかりが横並びになる。ま、「趣味」といっても、物笑いになるような、非知的な研究が山積みになるのである。

❖大学教授の「権威」が消えた

1970年の前後を挟む「大学紛争」を最後に、大学教授の「知的権威」はほとんどなくなった。これは、とてもいいことだ。

しかも、「権威」は、稀少価値に特有なものなのだから、20万人近い大学教師の「権威」が消えたのは、自然過程なのだ。したがって、ありもしない「権威」を後ろ盾に発言しても笑われるだけ、ということになった。これも、とてもいいことだ。

その上、大学教師も、マスメディアに登場するようになって、その無知無能ぶりが鮮明に伝わるようになった。注意してほしいのは、マスメディアに登場する教師が無能なのではない。まだ世間に出せる程度には、「良質」さをとどめている部類なのである。

❖―知識人の変容

知識人が変わった。知識を持った人を知識人というのではなく、知識を対価にして生きる人のことを知識人とみなすようになった。いわば、プロ知識人のことだ。

大学教師は、知識を対価に生きるのではない。すべてサラリーマンである。そのサラリーの基本的な部分を知的対価が占める、というわけでもない。ノルマをこなせばいいのである。

だから、数が多いから、大学教師が知的無占有者になったのではない。そうなったのは、高度知識・技術社会に不可欠な知的要素に占める位置を持たないことの結果なのである。

大学教師に聞いてみるがいい。「あなたは、自分が知識人だ、と考えますか」と。イエス、と即答する人は、よほど無知な人であるに違いない。

❖―無害、無益は必要だ

ところで、私は、大学教師が知的に無益だから有害で、撲滅に値する対象だ、といいたいのではないのだ。20万人の大部分が無能だなんて、無駄だ、許せない、といいたいのでもない。

高度消費社会で、無駄や無益に目くじらを立てていたら、社会はスムーズに進まないのである。ましてや、それを社会から間引きしようなどとしたら、社会の根幹部分が消失するのだ。日本は人口が多すぎる。6千万人ぐらいが適当だ、と、かつてニュースステーションで、久米宏がしゃべっていたことがあった。おまえを、間引きされる人数のうちに入れてしゃべってるのか、といいたくなった。

大学教師ごときを間引きしても社会が変わらない、と考えるのは短慮である。同じように、無害、無益なものを間引きしたら、日本人は、人間は、何人残るだろうか。賢明な人は、人間とは、有害、無益なことをさえ、喜んでやるものだ。無害、無益には目をつぶろう、と考える。

だから、大学教師を免罪する、というのではない。**いらないものは、淘汰されてゆくシステムと共通意識を作ればいい**のである。これは、大学教師対策に限ったことではない。

2.10.3 日本の大学教授の知的特殊性

では、大学教師の淘汰の意味と案について考えてみよう。

❖——知的活動する「義務」がない——終身雇用制1

外国の大学の多数の教師は、期限付きの契約雇用である。その期間に、一定の知的成果を挙げなければ、理事者側に再雇用した場合メリットあり、という印象を与えなければ、職を失う。教師のほうはうかうかしていられない。研究成果を、否が応でも、あげなければならない。

日本の大学は、いまのところほとんどすべて終身雇用制である。一度採用されてしまえば、教授になれる。教授でいられる。精神病になっても、破廉恥行為を行なっても、1枚も論文を書かなくても、クビにはならない。まさに、愚者の楽園になるようにできているのである。

もちろん、外国のシステムにも欠点がある。短期間で成果の上がる研究や、理事側の意を迎えるような要領よしがまかり通り、本格的で労力のいる仕事がなおざりにされる、という側面だ。しかし、2つのシステムを比較する場合どちらがよりいいか、である。どんなに欠点を抱えていても、「競争」のあるシステムのほうが知的活動にとってプラスである、というのが私の考えである。

❖――持ち場を侵すな――終身雇用制2

大学の教師は、専門分野をあらかじめ特定されて採用される。どんなに有能な人でも、「フランス語」の語学担当として採用されたら、大学内で「語学」関係以外を教えることは難しい。担当領域以外の業績を評価に織り込まれることは難しい。

新採用の人に、もっとも適した教育領域があっても、無能な教師が場所ふさぎをしてしまっていたら、新たに同じような科目を立てることはとても困難だ。まるで聖域を犯す侵入者を攻撃するように、反対が生じる。

いったん持ち場を押さえたら、一生それにしがみついてゆけるようなところに、時代の進展にフィットするような研究や教育が生まれないのは、当然である。知的停滞と荒廃のすみかになることは、目に見えている。

もちろんそんな場所では、知的なことがらに関して相互批判は禁句である。同僚を批判したら、それがどんなに正当でも、批判した側が非難される。

❖——知的活動は、すべて奉仕である——終身雇用制3

大学でも、出張や、入試等の特別活動に対しては対価が払われる。わずかだが、役職手当てや各種委員手当はある。

ところが、知的な活動に、一切、対価はない。全部無料奉仕である。ここでは、それがどれほど大学にとって必要なことであっても、知的な活動に対して、評価をし、対価を払うというビジネスの原則はない。

したがって、大学の中で、どれほど創造的な活動をし、それによって大学が潤ったとしても、ご苦労さんの一言もない、と思わなければならない。逆に、社会的に大学の声価や地位があがるようなことをすると、嫉妬され、疎まれる、と覚悟したほうがいい。

❖――研究紀要――知的無評価1

大学には、研究成果の発表場所として「紀要」なるものがある。これは書く人たちが自前で支払う同人誌ではない。大学の予算で、紙面をたっぷり取って、さー論文をどうぞ、といって用意してくれたものだ。

編集委員会はある。しかし、よほどのことがない限り、書けば即掲載なのだ。事前審査などという面倒なものはない。

ここに書くと、形式的には「学術論文」1本、ということになる。**「論文」5本で教授になれるのだから、**ここに書かない手はない。

しかし、紀要に載る論文は、内容云々以前に、本人以外誰にも読まれない代物である。むしろ、誰にも読まれないほうがいいから紀要に書く、という風に考えてもいい場合もある。

ところが、こういう紀要にさえ「論文」を書けない人がいる。少なくない。最近は、さすがに、日本語をうまく操れない人は少なくなった。浪花節のように、ただうなっているものも少なくなった。そのかわり、事典の切れ端をつないだような論文が目立ってきた。こんなものはとっくに、使命を終えているのだ。

❖相互批判を活発にすればいいのか——知的無評価2

大学の知的活動が停滞しているのは相互批判がないからだ、とはよくいわれる。別に間違ってはいない。しかし、まったく知的活動をする気もなく、その能力もない教師たちが相互批判をして、どうなるのだろうか。

それに、批判には時間がかかるのだ。訳の分からぬ論文を、まず、読まなくてはならない。これは本当にしんどい。苦痛以上でも、以下でもない。本人を目の前に批判するのは辛気くさい。批判を書いたらいいのか。そんなことをしたら大いに時間がかかる。ますます腹が立つ。

それに、バカを一度批判したら、どんな目にあうか、想像してみたらいい。相手は時間があるのだ。こちら側には、とても、まともにつきあっている暇なぞない。しかもバカの数は多い。

個人的には、知的なことに関して、まったくこの手の人たちに触れる気はない。だから、せめて邪魔しないでほしい、というのが本音である。

私は、大学教師は知的な活動を活発にしたらいい、とは思っている。しかし、現状では知的な活動をしないのが、大学にとっても、知的活動の進化にとっても、大いにプラスする、といってみたい。

だから、大学人の知的な活動の評価は、大学内の、大学人による「自己評価」を何度繰り返してもよくならない、と見なければならない。社会で通常行なわれている競争原理にまかすほかないのである。

❖――社会的評価に任せるしかない――知的無評価3

一度、「紀要」なるものを店頭に出したらいい。誰が買うだろうか。売れなかったら、やめればいいのである。**全部、独立採算性にすればいい**のである。

知的人材だってそうだ。全部、一度、リクルートしてみればいいのである。大学教授で、どれだけの需要があるか、見ものである。

もっとも、大学教授の知的活動に競争原理を入れるためには、大学のシステム全体を競争原理にゆだねなければならない。なにをいう。大学には、大学でなければ研究できない知的課題と方法はある、と必ず反論するだろう。

まずいいたいのは、大学固有の知的活動形式はあるかもしれない。しかし、その少しのメリットのために、甚大な知的ロスをあえて行なうことがいいかどうか、である。

しかし、次にいいたいのは、逆のことだ。教師の知的劣性が原因で社会が麻痺するわけではない。教師の能力がいいに越したことはない。しかし、目くじらを立てることでもない。ただ、社会の常識からいって、教師の特権享受が目に余るようになった。ここいらで給料を半減し、後は自分の才覚で稼げくらいの断行が必要だ、くらいにとどめておくのがいいのかもしれない。

❖――国立大学の廃止を――大学改革1

大学教授の知的活動という点で、いうまでもなく現行の国立大学が、国立大学である必要は全くない。全部、独立採算性の私立にして、何の問題も生じない。これは、行政改革の小さくない課題の一つに挙げられなければならない。

全部私立にした上で、あらためて必要なら、国立の機関を新しい理念と必要のもとに作ったらいい。

長期的な計画で、採算を度外視して行なう研究、特に基礎研究は国立でなければならない必要は、全くない。ケンブリッジ、オックスフォード、ハーバートと、国立のパリ大学とを比べて、知的活動において、どこが違うというのであろうか。

❖――定員制の廃止を――大学改革2

国立でも私立でも、大学教授が知的努力を対価対象にする必要がないのは、はじめから「定員制」によって収入が確保されているからである。つまらない大学、つまらない教師、つまらない講義を、学生が耐えなければならないのは、教師がどんなに知的に劣っていても、学生定員には、したがって総収入には、基本的に関係ないからである。

これは、まさしく**社会主義的な「特権」**である。この上にあぐらをかいているのが、大学の経営であり、教職員なのだ。

定員制を廃止したからといって、大学教師が知的努力を増すとは限らない。しかし、そうなれば、良貨は悪貨を駆逐するのである。

❖――大学の廃止か――大学改革3

じゃあ、大学自体を廃止したほうがいいかというと、条件次第である、といっていい。大学無用論がまかり通っている。でも、大学卒がいなければ、これだけ高度に展開した産業社会を運営してはゆけない。これははっきりしている。時代は、高等教育機関の充実と延長をこそ要求しているのであって、その逆ではない。

今のところ、大学以外で、この社会の中核を担っていく人たちを養成してはいないのである。

どんなに**大学教授が無能でも、教師なしには、この大衆大学を支えていけない**のである。

だからこそ、私のような半端物でも、大学改革に乗ってしまうのである。新しい試みがあれば、足を入れてしまうのである。今のところ、それらの成果は、無知無能教師たちの糧を増やし、延命させることに一役買ったにすぎないかのようだ。しかし、大学も変わらざるをえないのである。

変わりはじめたのである。この流れは予想外に速い、というのが私の推断である。

2.11 大学改革はまず教授改革から

2.11.1「大学改革」は無能教師の職場確保に終わっている

❖ 改革の「成功例」はすべて新設

文部省（現文科省）の主導のもとに、「大学の自由化」を旗印に大学改革が始まってすでにかなりの期間がたつ。この期間、大学改革に何ら取り組まなかった大学はまずない、といっていい。少子化が急速に進む中で、学生数が激減し、倒産する大学が現われるという大学の死活問題がかかっている、という危機意識は確かにあった。

ところが、大学改革の「成功」例は、多摩大学、慶応大学湘南校等を先頭に、すべてまるっきり新しい地盤から始まった、ごく少数の新設大学・学部にすぎない。しかも、これらの成功例の大学も、すでにして息切れ状態というところが本当のところだ。

新設と名前はついているが、その大部分は、旧学部の改組、教養部解体から学部分属、短大改組と大学昇格という、看板の塗り替え程度のものにすぎない。それでも、やらないよりはやったほうがいい、というのが私の意見だが、この一連の改革は大学大変動の「序曲」の数歩前にすぎない、というのが私の判断である。

❖──我が世の春の大学改革

それというのも、大学改革の結果、教育活動も研究活動も全く駄目で、教養部とか短大に押しやられていた無能教授や、時代遅れで学生に見向きもされない科目を担当していた愚痴教授たちに、世間的・学内的に見れば「陽の当たる」ポストといったようなものが与えられたからだ。

大きなお世話だが、正真正銘の統合失調症の教授が、「行動科学論」などという講義を堂々と張って恥じるところがない、というようなことが生じているのである。みんなでやればこわくない、ということなのだ。

大学は変わる。時代の趨勢に合わせてこれまでも変わってきた。しかし、現在進行中の改革は微温的なものであり、時代の趨勢の上っ面だけをなぜたものにすぎない。この時期、日本の大学が本当に自己革新を遂げなければ、衰退し、崩壊してしまう。これが私の持論だ。

そして、進行中の大学改革でほとんど手が着けられていないのが、教師の「特権」の数々である。この特権を破棄しないかぎり、だめ教授、無能教授、破廉恥教授の「天国」である大学は、変わらない。企業革新の核心がリストラにあったように、**大学改革の核心**もまた、大学のリストラ、わけても**教授のリストラ**である。

2.11.2 現行システムで教授をリフォームするのは不可能だ

❖──自己革新能力の欠如

現行システムでも、大学教授の自己革新は可能だろうか。こう問題を立てたら、言下にノウ、という答えが出る。

では、システムを変えたら、大学教授の自己革新は可能か。こう問題を立ててみよう。現在の教授を前提にするかぎり、やはり、ノウ、といわざるをえないだろう。こういわざるをえないのは、教授の95%以上は、自己革新する能力がないからである。もともと、自己革新能力の欠如したものが多く大学に入ってきたという事実の他に、長い間、自己革新を必要としない特権的な温室のなかに身を浸してきたからである。この者たちが変わるのは、どんなシステムのもとでも至難の業である。

私が、システムを変えることで期待できるのは、いままで大学の支え石になってきた少数の教師たちであり、これから大学教授を目指そうという人たちだ。だから、大学改革とは、息の長い仕事なのだ。そうでなければ成功しないのである。

しかし、改革が、実際に実を結ぶのに長い時間かかるという事実は、改革はじっくり拙速を避けて進むほかない、ということを意味するのか。そんなことはない。システムの改革は、すぐにでも着手しなければならない。そうしなければ、改革が軌道に乗るのはますます遅くなり、大学の生命力の回復が不可能になる。

❖自己革新なしでも生きてゆけるのが大学だ

大学教授の自己革新が難しいのは、自己革新なしにも、大学が生存しうるからである。どんなに愚かで腐敗した教授でも、自分の勤務する大学が破産するとわかれば、じたばたぐらいはするだろう。大学全体が経営危機に陥れば、涼しい顔をしているわけにはいかない。

しかし、日本の大学は、幸か不幸か、倒産しないようにできているのだ。そんなことはない、2008年には、18歳人口が120万人になり、定員割れのところが出て経営難に陥る。倒産する大学が出るのは必定だ、と反論するかもしれない。

ところでその「定員」だ。現在大学・短大がもっている定員枠は、臨時定員増を加えて、70万人弱。短大の四年制化が進み、臨時枠の半分がなくなるという予定のもとで、65万人。もっとも厳しい「冬」の頂点といわれている時を迎え、現在の大学進学率50％が変わらないとしても、ほとんどの大学は定員を満たすのである。おそらく、進学率はさらに上昇し、浪人数が減ることを考えると、よほどの劣悪大学でないかぎり、定員を満たすのは必定である。そして、いうまでもなく、そんな劣悪大学は消えてなくなってもいいのだ。むしろ、消えるべきなのだ。

つまり、現行大学は「定員」枠というしっかりした不動の元本をもった、倒産しないシステムなのである。現在、駆け込み的に新設学部を作り、定員増を計っているのは、こういうシステムで大学が守られていることを大学自体が先刻承知だからだ。文科省が、それを「自由化」の名のもとに推進しているのも、大学の経営未来を先刻折り込み済みだからだ。

2.11.3 教授リフォームのポイント

私が考える大学教授改革のポイントは、教授の自主的な革新力＝学問的良心に俟つというのでは、何百年たっても大学は変わらない、ということだ。**大学の外部からの強力な圧力なしには、**純正「護送船団方式」の**大学と大学教授は変わらない**、ということだ。そして、大学改革の名で、弱小省庁として自己の支配領域を広げ、支配力を強化しようと、大学運命共同体方式を指揮している文科省が変わらないかぎり、大学改革は進まない、ということだ。大学改革は、すぐれて行政改革でもある。政治の問題だ。また、一国の将来がそこのいかんにかかっている教育・研究問題であるだけでなく、国民が、この改革を大学や文科省に任せているかぎり、とてつもない大きな税金が、とんでもないゴミ集団に消費されてしまうことになるという、政治・経済問題である。

❖──教授会から人事・経営権を引き離す

絶対多数派をしめる無能教授たちが、自分たちの任免権を自分たちだけで握っているかぎり、どんな力が外部から働こうが自分たちの地位と待遇は安全である、と思っている。それを保証している制度が教授会の自治権だ。その中心が、教授会だけに教授自身の任免権をはじめとする権限、人事があることだ。しかも、過半の大学では、教授たちに、管理運営を含む経営権が存在する。これを否定しなければならない。

大学とは、いってみれば、社会主義も顔負けの自主管理体制なのだ。だから、教授たちは、自主管理＝自治こそ大学の生命線であり、これを外部の干渉、あるいは、理事会の専横から守ることに疑いをもたない。しかも、過半の大学で、理事会という形式上の経営権を持つ組織は、各教授会のバランスの上になり立つ教授＝専任理事＝多数派によって構成されているというのが現状である。

教授会とその「トップ」（学内派閥の教授代表）が、人事権と経営権を掌握しているかぎり、人事刷新をはじめとする改革などは絶対に不可能である。「教授会の自治」これが大学改革、教授改革を阻む、第一の障害である。ただし、「自治」とは、自立自存の集団にだけ可能な支配形態なのであり、大学の教授会も教授たちにも、もとよりそんな能力はない。

❖実効性ある任期制

教授会とその構成員である教授たちが、純正の終身雇用制のもとで、自分から辞表を書かないかぎり、絶対にクビになることはない、というほどに身分保証されている。実際は、自分たち自身で身分保証しているというのが、現在の日本の大学の現状である。

それではあんまりだ、人事の流動化によって、大学が活性化されるべきだというキャッチフレーズで、文科省の大学審議会が、「任期制」を打ち出した。どんな形にしろ、任期制は、大学教授の自足怠慢に活を入れるシステムだ。大学内の反応は、「任期制」反対ではなく、現在の教授には不適応、これから新規に採用する「助教（助手）」に限って任期制を採用すべし、というものである。

期限付きの助教採用は、むしろ、現在の大学人事政策にとって有利である。つぎつぎに回転する助教の席は、オーバードクターに猶予期間を与え、再就職に有利な「職歴」を付与するからである。したがって助教の任期制は、大学と教授たちにとって歓迎すべきシステムなのだ。

私が提唱してきた任期制は、こうである。

①新規採用から相当数の年限、身分保証がある。私の案では最大10年。この期間は、教育者であれ、研究者であれ、「途上」のものであり、いってみればプロといっても〝マイナーリーグ〟所属ということだ。**一定の教育成果、研究成果をあげるための準備期間**と見ていい。したがって、待遇はマイナーリーグに準じたものである。

②最高10年の〝マイナーリーグ〟をへたものは、**すべて入札制**にする。全国の大学が、指名し契約する。もちろん、フリーエージェント制もあっていい。

①と②の点で、同じ任期制とはいっても、アメリカのシステムとは逆である。アメリカでも、ごたぶんにもれず、テニュア（終身在職権）教授になってしまうと、ほとんどが進化の努力をやめてしまう。

③しかし、**入札から外れた人間**は必ず出る。だからアウトというだけでは、人間の選択眼を信用しすぎだ。最高5年間（累積）は、再雇用のためのチャンスを保証する**再教育研究期間**とし、相当額を支給する。期限付きの自由契約者というわけだ。そのために、**待機者をプールする機関**をつくる（もちろん、大学リーグの力でだ）。

❖——研究教授と教育教授の相対的分離

現行大学のほとんどは、大学院も含めて、その機能の中心は教育活動である。ところが、教育する能力に欠けた、情熱のない大学教授の手で教育がなされているのである。

研究能力と教育能力は、本来、別々のものだと考えたほうがいい。しかも現在の教授の9割以上は、研究能力ゼロのものからなっている、と考えていい。この現状からも、研究教授は、あらためて資格審査でもして決めるとして、他の大部分の教授には、教育に専念すべく、教育能力開発のトレーニングを課したらいい。

もちろん、大学の教授に研究は欠かせない。小学校の教員であれ、ビジネスマンであれ、研究は不可欠だ。しかし、学説をふまえた学問上の研究、最新・最先端の分野での創造的研究は、一定のレベルにある能力を前提とする。無理で無駄な研究を続ける（ふりをする）よりは、そうとう程度の専門をふまえた広い教養に根ざした教育活動に専念したほうがいいに決まっている。

❖――高等教養大学の創設

日本の大学は、そのほとんどが、学部（専門）を名乗っているが、大学院も含めて、いわゆるリベラルアーツ、あるいは、専門の薄まったものを教授しているにすぎない。専門研究の名にふさわしい成果を学生に手渡しているわけではない。

私は、だから、アメリカのように専門学部などというものを廃止し、その内実にふさわしい教養専門の単科大学、あるいはジュニア（文理＝教養学部）にすべきだ、と考える。

ただし、教師は、専門（らしきもの）をいちおうは教えることはできても、「教養」を教えることはできない。教養がないばかりか、教養教育をするように教育されたこともないからだ。この事情は、アメリカでも同じだ。

私は、高度な教養教育者を養成する大学・大学院を創設する試みを提唱したい。ただし、教養の獲得と教養の教授は、学んだら、コースを終えたら身につく、と考える楽観論者ではないが。問題は、高度な教養を大学教授志望者に教える能力を持った教養ある人がいるかどうかである。しかし、卵が先か、鶏が先か、といっていてもはじまらない。必要なのだから、はじめる、それしかない。

2.11.4 大学システムのリフォームのポイント

大学教授に自己改革能力を見いだせないのは、その大半に能力がもともと欠けていることと、改革しなくても、身に危険を感じる必要のないシステムによって保護されているからである。後者の意味でいうと、このシステムを何よりも温存したく思っているのが、文部科学省である。

大競争の時代といわれながら、日本の人材育成機関の大元締めである文科省は、高等教育の質的向上を図るために不可欠な大学教授の自由競争を、真綿でしめるような形で禁じている。こと大学教育に関するかぎり、文科省は100％不要である。不要であるだけでなく、有害無益である。それは、大学を権力で強圧的にコントロールするからでは、もちろんない。大学の不生産、不毛、不能、無為という惨憺たる常態を生み出す「源泉」が文科行政だからである。

大学は、大学教授は、文科省の庇護から自立しないかぎり独立できない、一人前に歩んで、21世紀の世界で自分の存在価値を維持できない、と断言できる。

❖定員制と助成金の廃止

金の切れ目が縁の切れ目である。農業と農家が、農水省の保護育成政策というシュガー・コート作戦から脱出しないかぎり自立できない。大学と大学教授も同じだ。

まず「米櫃《びつ》」である**「定員制」を返上しよう**。本来、一人前の組織で、「金のなる木」を授けられて、とくとくと生きているなんて恥ずかしいことなのだ。もっとも大学は、もともとは教会や王の所有物だったから、「米櫃」つきというほうが、普通なのかも知れないが。

必要な学生を、各大学独自に募集するという自由競争原理に任せよう。教授スタッフのそろった、設備のいい大学に学生が集まる。アメリカといういい見本があるではないか。何の難しいところがあろうか。

「私学助成金」を返上しよう。私学助成は、明らかに憲法（第89条）違反である。だから、もらうな、などといっているのではない。違反を犯している、ということを自覚しておくべきだ、といいたいのだ。しかも、各大学の助成金の決定額は、毎年、文科省によるランクづけに基づいて決定される。大学予算の1割に満たない金額を、文科省の顔色をうかがいながら下げ渡され、ことあるごとに「行政」指導という名の「支配」（強制）を受ける。もちろん、大学内には、指導されたい分子はいるもので、尾を振るものは後を絶たない。

❖——国公立大学の民営化

現行の国立・公立＝「税立大学」は、すべて民営化する。これには、旧国鉄や旧電電公社の民営化というモデルがある。大学の荒廃は国立大学においてきわまれり、なのである。しかも「官尊民卑」は、何も日本にはじまったことではないが、国立大学とその教授たちの尊大さと無為・無能・怠慢さに活を入れるのは、民営化しかない。

税立大学を民営化して、困るところはどこにもない。ただ、尊大さと安閑さで寝そべっていた教授連たちが、ちょっと困るだけだろう。しかし、それは杞憂の類というものだ。もし、税立大学教授たちが、その常の言動のように「優秀」なら、競争を恐れる必要は一つもないからだ。

ただ、授業料が上がり、父兄の負担が重くなる、という反論があるかも知れない。サービスのいいところに多く払うのは当たり前だ。サービスが違うのに同じ料金、というほうがよほどおかしいのである。もちろんアメリカのように、一流校は3万ドル、五流校は5千ドルなどということがあって当然なのだ。そして五流校の教授が、自分の身分を安定させ、待遇をよくするためには、自分たちの研究教育能力を高めるほかない。こんなことは、200年以上前に、すでにアダム・スミスが『国富論』の中で力説したことである。

❖文科省＝大学設置基準の廃止と新しい設置基準

大学と大学教授が文科省から自立するということは、**現行の大学設置基準を廃止**することを意味する。文科省に、大学と大学教授の「設立」「任用」「評価」基準を決めてもらっているというのが、知識と技術の教授を自認する大学と教授の現状であると思うと、空恐ろしくさえなる。そんな「基準」ぐらい自己決定できなくてどうする。

とはいっても、とんでもない「蛮勇」はあるのだ。理事長＝学長が、自分の子や孫を教授にし、大学の予算を流用し、学生を低コストのサービスに置き去りにして、平然としているなどということがあるのだ。ことは「知と技」にわたる教育だ。大学設置基準はあっていい。しかし、大学リーグが自主的に決めたもので結構だ。ただし、何ごとであれ目安である。もし、教育サービスさえ満足にできない大学があったとして、そんな大学に行くほうに問題があるからだ。

ただし、教授のほうは、教授資格試験程度のものはあってもいいだろう。といっても、大げさなものではない。よほどの御仁をはじき出す程度のものでいい。マスターコース修了程度の能力があればいいだろう。あとは、入れ札制度でふるい落とすことができる。

❖高等大学の創設

最後にいいたいのは、日本には本当の意味の国際大学も、エリート大学もない。あるのは、入学の難しい大学だけだ。この欠をどうするか、ということである。

一国の教育問題として、世界に伍していける人材、本当に創造的で意欲のある能力を持った者に、コストを無視して道を開く教育システムが必要である。それが日本にはない。この手の大学は、おそらくビジネスとしてはなりたたないから、純粋民営では無理だろう。フォンドは国が出し、運営は民営にするというのがベターだろう。

もっとも、このような**エリート養成大学**に、多くを期待しないほうが賢明だ。フランスのように、シンジケートを作って、国の基部を乗っ取るなどという結果を招くことがあるからだ。戦前の日本軍がまさにそうであったように。

問題はここでも教授だろう。だが、世界各国から超エリート教授を招聘すればいい。そこからはじめてもいい。

私は、大学教授の自己改革は不可能だ、といった。しかし、**大学も教授も変わる、変わらざるをえない**、というのが私の確信だ。それは、日本の社会システム全体が、遅かれ早かれ、ボーダレス社会の中で活力ある生き方を続けようと思えば、変わらざるをえないからだ。この流れに棹さし、多くの人が大学に参入することを期待したい。しかし、くれぐれも、安逸、無風、怠惰、大口、無能の再生産に貢献するような人、現行の教授類型にアコガレをもつような人には、来てもらいたくない。

3 競争で充実か、無競争で衰退か

3.1 大学教授の無教養を、まずなおそう

大学「冬の時代」の本当の意味は、知の凍結状態のことだ。これを解凍するためには、大学を「大学の中の社会」から**「社会の中の大学」**へと**転換**する必要がある。そのために、まず大学教授という職業を間口の広いものにし、**自由競争によって大学教授の質の向上**を図ることが必要である。

実は無資格でもなれるのが大学教授である。この職業は普通の人がなれる、普通の職業なのだ。いま、大学教育はパラダイム転換の時機である。必要なのは、専門教育を基礎とした一般教養教育の充実だ。教養教育とは、知識を知恵に引きつける教育である。それが社会の中の大学の第一

の役割だ。

モラトリアム時代、「なにものでもない」自分から、さらにポジティブに自己変革を図っていけるモラトリアム人間になりたい人、そして教えることに喜びを感じられる幾分幻想のある人は、おおいに大学教授への道をめざしてほしい。かくして**大学教授が自然淘汰される**。私が『大学教授になる方法』を著した理由である。

3.1.1 大学変革のためにはまず教授を変革しないと

大学教授が研究能力も教育能力もないというのは、いまに始まったことではない。ずっと連続してそうなのだ。昔は教師の数も少なく、学生数も少なかった。エリート（絶対少数派）だったのだ。「お前らはできない。なっとらん」と怒っていればよかった。それを本気にして、学生は勉強した。

いまは常勤だけで20万人の教師がいる。学生数も300万人だ。「なっとらん」ではすまされない。もっとも、教師のなかには、対人恐怖症で怒ることもできないものがいる。理論を教える論理能力がない。研究活動は手抜き。論文は3年か4年に1本、わけのわからないものを書く。ただし、それができればまだいいほうである。10年間、無作という豪傑もいる。学生が教師に対して何の期待も抱かなくなって当然だろう。

なぜあなたは大学教師になるのか。こう聞いてみた。

人に会うのが苦手で、しゃべるのも苦手だ。ゆっくり勉強したいから。こう答えた。妙にはっきりいう。

こういう人は、はっきりいって大学には無用だ。しかし、こういう教師が少なからずいる。どうすればいいか。

競争原理の導入しかない。たとえば、定年制をとっぱらって、アメリカのように終身雇用と有期限雇用に分ける。

3.1.2 専門を基礎とした一般教養課程を充実させたい

大学に専門家はいたが、専門教育はなかった。もちろん教養教育の専門家はいなかった。

大学には、教養課程と専門課程があった。おおよそ教養課程がカリキュラムから消え、いまは共通科目と専門科目に別れている。

これまでは、専門の基礎としての教養教育という認識だった。専門の薄まった、高校の延長としての教養教育で無用だ、なんていわれたが、その通りである。

じゃあ、専門教育はどうか。学部には専門教育は「ない」。高度技術社会で活用できるような専門知識や技術を身につけるには、4年間じゃ無理だ。大学院まで行かないと、使いものにならない。

ならば、アメリカの大学がいいというわけじゃないが、現状から推して、専門を基礎としながら、**専門知識を技術**（やり方さえ間違わなければ**だれにでも実現可能な方法**）**化**していくために必要な教養教育（リベラルアーツ）を充実させるべきだろう。もちろん、このような教養教育のほうが、専門教育より何十倍も難しい。

技術化できない知識は知識じゃない。

例えば、私は哲学・哲学史を教えているが、生と死の問題に関連して、世間で注目を浴びた「脳死論」を取り上げたことがある。わたしの知識では、生命サイエンスまでは教えることはできない。だが、生命を、生物学・医学・精神・宗教の各レベルからつかまえ、人間の「死」を再定義し、脳死がはらむ技術的な問題にまでおよんで論じ、説明し、問題の中心論点を明示する程度にまでゆくことは可能であった。そのために春休みすべてをかけて『脳死論』を書き上げたことがある。**知識を知恵に変換していく技術**を教えていくのが大学教授の役割だし、求められていることだと思うからだ。

3.1.3 レジャーランドでさえない大学は最悪だ

国立大学も私立大学も授業料は極端に変わらなくなった。それでいて国立（税立）大学は、一時、教師が汚い、校舎が・周りが汚い、就職の世話はしない、何もいいことがない、というので、私立への志願者が増えたことがあった。

大学をキンダーランド、レジャーランドとして揶揄する人がいる。幼稚園は学生サービスと結びつかないのでどうかと思うが、ディズニーランドのような知的遊園地化は、大学がむしろ率先してやるべきではないだろうか。授業はおもしろくないけど、大学が面白い、行きたい、それがどうしてダメというのだろうか。もちろん、経費が許せば、サウナとかゴルフ場とかあってもいいだろう。駐車場はもちろんだ。講義はなくても、キャンパスに学生がたくさん来る。「余暇」に授業を要求したりなんかして。

学生が教師を評価するのもありだ。「お前なんか大学から追放してやる」といわれれば、「冗談じゃない。誰がお前らになんかに追放されてたまるか」と、格闘するぐらいのことがあっていいのだ。

3.1.4 体に能力のあるタレントがいい

これからの大学教師は、タレント、とくに体に能力を持つ人で、知識とか技術を伝達することを喜びと感じることができる、幾分、幻想を持っている人が似合っている。

このモラトリアム時代に**モラトリアム人間として生きたいなら、大学教師という職業がぴったりだ。ただし、厳しい。**モラトリアムというのを猶予期間、つまり、いまだなにものでもない、という意味からさらにポジティブに解釈して、つねになにものかになろうとして自分を励ます自己革新的存在であるとすると、モラトリアムを生きるというのは実は非常にむずかしいことなのだ。自分をいちばん厳しいところにおいて、そこを生き抜こうとすることで、はじめてなにか重大なこと（サムシング・グレイト）がわかる、できるということになる。

閉鎖的な大学の中の社会から、ビジネス社会の中の開かれた大学へ。大学の真の社会化を進行させるには、大学自らのディコンストラクションが必要である。まず、精神的貴族ぶる多くの教授たちの旧態依然の貧血症の精神を解体することだ。大学教授は大衆にすぎない。それにふさわしい姿にするには、多少厳しくても壊れない、脳力を含む体力を必要とする。そういう人をセレクトすることが、いま大学にとって理性的な選択なのだ。

3.2 大学教師の質の向上をはかるために、自由競争原理の教育システムの導入を

大学は大衆化し、学生の質も、教育・研究の質も大幅に低下した、といわれる。しかし、最大の問題は、いくどもいうが、教師にある。

いったん定職をもてば、研究・教育のいかんにかかわらず一生クビはなく、昇格・昇給もエスカレータ式に保証される、まさに、社会主義顔負けの共同体という微温に浸かっていることができるからである。

大衆大学で特に重要なのは、教育サービスの充実である。そのための能力を持つ教師の養成、採用、再教育のシステムを創ることである。そのために、まず第1に、**「定員」の自由化**である。サービスの悪い大学は淘汰される。第2に、**国立大学の民営化**である。国家が特別に援助しなければならない大学を極少にする。道州制の時代だ。もはや県に国立大学、教育大学一つずつの時代ではない。第3は、**教師の移動の自由化**であり、**学生の移動の自由化**である。こうして、大衆大学を高度大衆社会の展開にフィットする、活力のある場にする。

3.3 大学難問題アラカルト

大学を変えるためのピン・ポイント中のピン・ポイントについて考えてみよう。要所を衝いて、簡潔に、がモットーである。それにしても、難問題が山積しており、しかもひとつひとつは、浅くも、深くもつながっている。したがって、どの問題もアラカルト（一品料理）風に、ということになってしまう。この点、悪しからず。

3.3.1 短大は教養学科だけにすべきだ

短大の受難時代が始まっている。第1、女子短大の就職率は、のきなみ50パーセントを割る所が出ている。第2、18歳人口の激減の直撃を受けているのが短大である、と断定的に予測されている。したがって、すでに、短大の再編成と四年制への昇格運動レースが、〃4コーナー〃付近に差し掛かっているのである。ところが、短大側は、存廃を賭けて自己改革する意欲を、とんと見せていない。だから、第3に、短大無用論が高まるゆえんである。

❖短大生のほうがよく学ぶ？

ところが、一見すると、短大生のほうが四大生より出席も熱心だし、勉強するようなのである。彼女ら、彼らは、学問に情熱を燃やして登校しているのか。否、そんなことはない、と断言してよい。

短大は、1学部制の教育機関である。しかし、ほとんどは専門学科に区分けされ、2年間で決められた専門科目を修得しなければならない仕組みになっている。形の上だけからいえば、短大は四年制よりも専門性の比率がうんと高い。

したがって、専門科目のほとんどは必修で、時間割りも超過密、ということになる。決められたメニューを次から次とこなしてゆくという、自由選択度のほとんどない学生生活、というのがフツーの短大生のものだ。

その上、2年になると、すぐに就職活動が始まる。勉学のほうはままならない、ということになる。実学1年、これでは、まさに即席のところてん式そのままが、短大の現状といわれても仕方ない。固形だが内実は水である。

❖専門科目の修得は、無駄ではないが、無理だ

専門の高度化とその進化の高速化の時代では、四年制でさえ、専門の修得はほとんど不可能な

状態になっている。それを2年間で、しかも、一かどの専門領域を修得しなくてはならないのだ。これでは無理をあえてしている、といわざるをえない。もちろん、国文科に入って源氏物語を読めるようになるのは、少しも無駄なことではない。でも、もっと適切な行き方があるのではないだろうか。

現状からして、短大は、四大よりも、さらに自由選択度を高めるべきなのだ。この点で、短大は逆行している。まず、必修科目をなくす。定番のメニューを取り払う。そのためには、短大が、専門科目の修得場という現状制度を維持したままでは不可能である。したがって、**現行の学科枠を全部取り払って、一学科、つまり、教養学科に統合**する。そうすると、学生に、**好みの科目を自由に選択させるシステム**を確立することができる。

この改革は、たんに学生の自由度を増し、ところてん方式をやめる、ということを意味するだけではない。現代は、4で詳しく見るように、教養の時代なのである。短大が専門科目に小さく割拠し、わが城を守る式は、時代錯誤を免れない。

❖——短大無用論を吹き飛ばせ

短大は、実のところ、専門性では専門学校に劣る。教養性では四大に劣る。これが現状だ。四大とも、専門学校とも異なる、**短大独自の行き方**にとって、教養科への統合が決定的な理由である。

しかし、困難は、ここにこそある。なぜなら促成栽培にとどまらず、しかも高等教育の主要な構成要素にとどまるためには、短大が教養科目を従来の型通り漫然と教えるだけでは、まったく無意味だからだ。

短大は、四大よりも教養科目を軽視してきた。そこを教養科目専一の1学部1学科にするというのだから、並大抵のことではない。教養科目の編成をどのようにしたらいいのか、その処方箋はどこにもない。それに決定的なのは、教養科目を教えることのできる、教養のある教師がいないことだ。

しかし、短大は、この根本的な改革を実現しなければ、専門学校と四大に挟撃されて、短大無用論の前に、後退・縮小を繰り返し、その生命力を取り戻すことはついにできない。

3.3.2 予備校と提携してみよう

無味乾燥な高校の授業。それに輪をかけたような無気力な大学の授業。だから、かなりの数の学生が、予備校時代の「生き生きとした」授業を懐かしがるのも無理ない。それで、ここは一つ、予備校の教師を、授業方式を見習えないものか、ひいては、予備校と大学の新しい肯定的な関係のあり方はないものか、考えてみようというわけだ。

❖──予備校に倣いて

なぜ、学生が予備校の授業に生き生きと反応できるのか。大学に入るためという、目的がはっきりしている。さらに、短期決戦だ。どんなに楽しい授業だといっても、2年も、3年も同じことを繰り返したくはない。明確な用途と即効さ、まぁ、覚醒剤のようなものだ。こう一応は言ってみることもできる。それに、スター教師は、べらぼうに報酬が高い。仕事に見合う報酬が約束されれば、私だって、ということもできる。

しかし、この指摘は間違っていないが、遁辞だ。大学の授業が生き生きとしていない、という言い訳にはならない。たしかに、自分で聞いてみると分かるが、すべてというわけではなく、しかも、単年契約という予備校の教師採用のシステムからも来るのだが、予備校教師は、授業の工夫に大きな精力を注いでいる。何を教えるかだけでなく、**どう学生に届くように教えるか**、をである。そこには、受験技術の教授に還元することのできない、とても大切なものがある。この点を、大学の教師は全員見習うべきだ。

❖――予備校に勝る授業を

もっとも、大学と予備校は、目的も機能も異なる。同じ教育機関だが、異なったシステムだ。したがって、単純な目的、短期養成という予備校方式を大学に導入したら、とんでもないことになる。

それに、予備校のスター教師が、大学でそのまま通用するかというと、やってみると分かるが、これがなかなかそうはいかない。予備校の煮詰まり方と、大学の煮詰まり方は、おのずと違う。大学で、受講生をしっかりと把握し、それを1年間ひきつけておこうと思えば、予備校時代の数倍の研究とエネルギーが必要になる。

パシッと教えようと思えば、90分の授業につき、毎回、ほぼ60枚くらいの原稿量を話す内容がなければならない。1年間に、ほぼ1800枚見当だ。しかも、教える内容の独自性と面白さが要求される。こんな授業を、毎年3から4種類受け持つのである。それも、毎年、内容を革新しながらだ。

そう、大学教師というのは、プロ意識に徹してやろうと思えば、必死の覚悟でなければもたない。そのうえ研究活動だってある。なんて考えたら、予備校なんてちょろい、といってみたくなる。

❖ 推薦枠を予備校にも広げたら

大学入試は、1回の試験で決まる（この長所と弊害については、別途考える必要がある）。もっとも、最近は推薦制度が定着し、むしろ、推薦制度枠の拡大の弊害さえ叫ばれるほどになっている。しかし、ここでいいたいのは別のことだ。

予備校が大学を持つという例はある。しかし、大学が付属予備校を持つという例は、新制大学制度になってからは、まだない。旧制大学の予備門的な形で、大学と予備校がカリキュラム編成等で連携して、予備校のものは予備校で、大学のものは大学で、という方式を確立すれば、ずいぶん無駄が省ける。等と考えるが、そうなると、大学付属予備校に入るための予備校ができることになる。したがって、これは猿の浅知恵の類であって、いただけない。

もっと現実的なのは、予備校にも推薦枠を提供することだ。社会人枠があるくらいだから、うんと数を増やしたっていい。これは真剣に考えたっていいことだ。早稲田大学合格率40％に代わって、早稲田大学推薦枠30名等という表示が予備校のチラシに出る。これは予備校生の励みになるだろう。

3.3.3 専門学校との提携は死活問題になる

ここでいう専門学校とは、高等教育機関としての専修学校、各種学校のことである。専門学校は、大学同様、規模・施設・開設科目・教員等の質と量の双方で、千差万別である。だから、簡単に提携・交流は不可能だ、と考えるのか、それとも、それぞれの長所を生かすような形で、相互の欠点や必要を補うという形での提携・交流は可能だ、と考えるのかでは、天と地ほどの違いが生じる。もちろん、後者の立場から、この問題を考えるべきだ、というのが私の視点である。

❖専門学校の科目充実を大学が引き受ける

専門学校のアキレス腱は、たとえどんなに施設や設備が充実していても、専門科目に特色があっても、科目を自由に学生が選択するほど開設科目に幅がないことだ。教養科目の薄さはいうまでもない。開設専門科目も数が限られ、ほとんどが定番・必修という状態である。

この専門学校のアキレス腱を、大学側が専門学校に開放することでカバーすることは、考えられている程困難ではない。

これは、専門学校の充実・レベルアップに繋がるだけではない。専門学校生は、大学で授業を受けることで、相応の刺激を受ける。しかも、大学生のほうも資格修得に必要な専門学校で開かれる特設科目を履修できる。双方に交流や競争意識が生まれて、ぬるま湯状態を押し返す契機ともなる。

いうまでもないが、大学と専門学校の間に、同一科目どうしでは、レベルの違いはない（はずだ）。しかし、現状はそうではない（大学以上に高度な専門知識や技術を提供している専門学校も、もちろんある）。双方の提携・交流によって、この点の是正も見込める。

❖――語学等の科目を専門学校で履修可能にする

大学のアキレス腱は、開設科目を増やし、学生の履修選択の自由度を拡大しようとすれば、当然、開設科目数や履修時間数が相対的に大きい外国語や、必修化されている体育実技、それに相当数の専門科目（特にその学科・コースで必須とみなされる）に、皺寄せがくることだ。

だから、文科省の「自由化」によって、外国語や体育実技の必修を外すところが多く出ているのは、それが必ずしも不必要だとみなしてのことではない。むしろ、この国際化の時代に、外国語修得はますます必要な教養になっている。その充実化こそが目指されるべきだ。

しかし、大学のカリキュラム編成、時間割り編成の中で、外国語を必修科目に指定したり、さらに、現行以上に充実化させることは、よほどの理由や無理を通さないと困難である。この大学のアキレス腱を、外国語専門学校が門戸を開いてカバーすることは、外国語学校にとっても歓迎すべきことだろう。もちろん、ことは外国語科目に限らない。

❖提携・交流による相互充実を

18歳人口が激減する中で、大学と専門学校は激烈な競争関係に入る。競合ではなく、倒すか倒されるかの闘い、といってもよい。いうまでもないが、大学側に「勝利」があらかじめ約束されているわけではない。何といっても専門技能や資格修得では、専門学校が数歩リードしているのだ。

この競争を大学側も歓迎すべきだ。おのが身を賭して生き残るためのさまざまな施策を講じなければ、野たれ死にするかも知れない、と思ったほうがいい。

しかし、競争した、勝ち残った、というだけではいかにも寂しいではないか。大学間でも、大学と専門学校との間でも、**競争とともに、連合**がなければならない。相互提携・交流を通じての相互充実、つまりは競合である。それは、たんに開設科目の相互交流だけの範囲ではない。施設の利用、教師の交流、相互編入等、研究、教育をはじめとする全面的なものにまで広げることができる。高等教育機関も、入れ物さえ作ればお客さんがやってくるという、規模拡張一辺倒時代は過去のものになったのだ。

3.3.4 1単位いくらの授業料制を導入しよう

日本の大学は、入学しなければ授業を受けることができない、が基本である。単位はいらない、ただその授業が、この時間だけ聞きたい、といっても「講義」の切売りはしていない（基本は卒業生で、しかも資格修得のためという条件を付けて、特定の科目の聴講が許可される、という制度はある）。聞きたくもない授業を聞かされるのも困りものだが、聞きたい人に講義を解放しないのは、もったいない。

❖公開講座の花盛り

ところが、大学では、いま、開設科目の聴講は認めない代わりというわけでもないが、公開講座が花盛りなのだ。大学を地域や市民に開く一契機として、この公開講座は位置付けられている。

しかし、ほとんどの公開講座は、カルチャーセンターと大同小異のものばかりなのである。実際、カルチャーセンターに組み込まれた形で、○×大学公開講座と銘打っているものもある。

公開講座は、したがって、大学で行なわれている講義や演習とは、ほとんど関連がない。これだとて、大学解放の一種だろう。しかし、知的刺激のあるものは稀の稀、といっていい。まぁ、片手間作業というところだ。

でも、こんな状態で、大学を開くということになるのだろうか。ならない、と断言してよい。市民をなめてはいけない。

❖——大学を社会に開くために

もちろん講義を開放することばかりが、大学を開放することではない。施設、教職員、学生のパワーを社会に開放する施策が講じられなければならない。

でも、講義は、大学の「命」である。それを開放できなくて何の開放か、ということだ。また、市民の関心も、自由に講義を聞きたい、という所に集中している。

講義の開放のためには、**1講義単位、さらには時間数単位で授業料を徴収するというシステムが必要**だ。例えば、私の授業「人間の本質［哲学］」、1年間5万円、1時間1000円というようにだ。正式の受講料を取るのだから、単位認定も当然あっていい。

このような方式は、大学を開く本質にかかわるだけでなく、大学の、さらには教師個人の収入を増やすことにもつながる。学生に魅力ある授業は市民にも魅力ある、と考えていい。教師が受講者を増やし、自分の懐も増やすことで、学生の興味をいっそう引き付け大学の収入も増やす、ということになれば、いうことないだろう。

❖――大学を、個人の人生全体を開くために

日本では、18歳になるといっせいに大学に進学する。そして、決められた年限内に、必要単位を修得して、大学を卒業していく。決められた年限内に必要単位を修得できなかった者は、大学卒業の資格が0になる。中途退学だ。

同年齢層がいっせいに就学するこの日本方式は効率的であり、「鉄は熱いうちに打て」式のきわめて教育効果の高いやり方だ。しかし、特殊な事情があって進学できなかった者、また、働きながら勉強を続けたいと思っている者、さらには、家庭に入った婦人や高齢者にとっては、大学教育のサービスを受けることを断念するに等しい方式でもある。

高度知識社会・技術社会に生きる者にとって、一生が「勉強」である。たんなる知的興味からであるか、資格修得のためであるかは別にして、**高等教育のサービスを、必要なときいつでも受けることができるシステムが必要**なのだ。そのためにも、1講義「切売り」の受講システムが必要である。

3.3.5　留学生の授業料はただ同然にしよう

最近、どんな地方の大学にいっても、外国人留学生が目立つようになった。しかし、日本の大学が、留学生、特に近隣の東アジアからの留学生受け入れに、積極的になったというわけではない。外国人留学生を受け入れる姿勢は、入学者数減を補うという事情を別にすれば、あくまで例外的措置というところがほとんどである。また留学生のほうも、アルバイトは別として、積極的に大学の活動に参加し、大学の国際化に貢献する、という姿勢に乏しい。問題はどこにあるのだろうか。

❖留学生の入試システムを確立しよう

決定的なのは、**留学生の数が決定的に少ない**ことである。その原因は、ほとんどの大学で、留学生用の受験システムとマニュアルがないことだ。

第1に、海外居住地で受験する機会を認める私立大学は稀である。受験生は、来日して日本の大学の実情を調べ、その上で受験校を決め、実際に受験校にまで足を運ばなければ、受験不能である。これには、とてつもない労力、暇、金がかかる。

第2に、受験資格に日本語が相当程度できる、という条件がついている。しかし、これなどは、入学後、半年間、日本語修得の準備期間を大学側がつくれば、十分クリアできる。日本語能力を受験資格の要件に最初から入れなくてもいい。

第3は、生国ですでに大学を修了してきた学生がいる。その場合は、可能な限り修得済みの科目単位をカウントするようにしたい。

❖――大量の留学生を受け入れよう

留学生受け入れで最も大きな問題は、大量の受け入れ体制が必要、ということだ。留学生は、自由意志で、おのおのの意図は別としても、日本を理解するためにやってくる。しかも、彼らの国の歴史と現状、文化と生活等を直接伝えてくれる、いわば、私的「大使」である。

ところが、受け入れ数は「些少」で、宿舎はない。したがって、ひっそりやってきて、ひっそり帰ってゆく、で終わり、というケースが多い。これでは、学問の交流はおろか国際交流にとっても、むしろマイナス、日本は本当に冷たいところだった、になってしまう。

大量に受け入れて、大量に日本学生と日常的にも交わらせる。これが留学生受け入れのポイントである。もちろん、このための費用は安くない。しかし、外国人教師ひとり雇うより、留学生20人受け入れるほうが安上がりではないか。

❖――留学生受け入れの最大のネックは、授業料

私的にいえば、留学生の授業料は、ただ、でいい。特に、留学生の主流を占める東南アジアの留学生などにとって、貨幣価値の違いもあって、日本の大学の正規の授業料はべらぼうに高い。

留学生を受け入れ、彼らの力を、授業や課外活動で活用することによって大学が獲得できるものを計算すると、**授業料をただ同然にしても、存外引き合う**。問題は、大学側の、留学生を迎え、活用し、国際化に取り組む姿勢とシステム作りにある。

私の友人が、ハーバード大学の特別研究員に採用された。凄いな、と思ったが、よく聞いてみると、報酬は月800ドルぽっきり、つまり、家賃程度のものにすぎない。これで生活できるわけはない。それでハーバードは、日本語教師等の口を世話する、ということらしい。

日本の大学も、種類は違うとはいえ、同じような思想を留学生に対してもってもいいだろう。

3.3.6 日本にもエリート大学をつくろう

日本にエリート大学はない。入るのが難しい大学はある。しかし、さまざまな先端分野や基礎部門で、世界の超エリートと対等にやってゆけるような人材養成機関は、必要だろう。フランス

のグランゼコール（高等教養大学）のようなものを想い起こしてもらえればいい。

❖ エリート大学に校舎はいらない

エリート大学には、特別の場合を除いて、校舎はいらない。研究室があればいいだけだ。学生は、自分で教育カリキュラムと研究プログラムを組んで、哲学は○○大学□□教室、人類学は××大学の△△教室、現代日本文学は◎◎大学の□□教室等と、自由に選んで受講におもむけばいい。

義務は、世界的水準の「博士論文」を書くことだけだ。

いうまでもなく、特定の講座に属する必要はない。特定の指導教師をもたなくてもいい。**まったくの個人主義がエリート大学のモットー**である。

❖ 学生には住居と給与が支給される

学費なんてケチなことはいわない。生活費プラス研究費が逆に支給される。身分は、文部教官並である。したがって、国立大学、研究所等の施設・機関を自由に使用できる。

もちろん就学期限はある。いつまでいてもいいわけではない。逆に、職に就けば、即、中退である。

❖——エリート大学の卒業生は、政・財・官・教育研究界のトップの座を約束される

これについては説明は要らないだろう。このような純粋培養の、至れり尽くせりのエリート養成を、フランスではナポレオン以来200年も続けてきた。国家的必要性からである。問題は、このようなエリート養成機関が、日本のような平等社会になじむかどうかであろう。それに、はたしてこのエリート機関から、世界標準に達するエリートが生まれるかどうかだ。あまり期待しないほうがいい、というのが私の意見だ。

3.3.7 大学ははたして変わることができるのか

最後の難問である。

大学を変えることは、社会を変えることと、その困難さでは、全く同じである。でも面白いことに、社会も、大学も、いやおうなしに変わる。ただ、変わり方が、速いか、遅いか、徹底しているか、不徹底か、の相違があるだけだ。この点でも、すべての改革、変革、革命と変わりはない。しかし、決して小さくない問題がある。

❖特権を享受している現在の教師に、大学を変えることはできるのか

どんな場合でもそうだが、特権を維持できなくなった事情が生じたときに、特権者の意識いかんにかかわりなく、事態は変化せざるをえない。社会主義制度だってそうだった。大学が、まさにそんな時期に来ているのだ。

大学教師たちが、自分たちの特権を保持しようとする限り、大学の存続それ自体に赤信号が灯る。だから、大学にたくさんの倒産が出る、というのは悲観材料ではなく、大学を変える絶好のチャンスなのだ。会社の合理化と同じと考えればいい。リストラ（やり直し）だ。

もっとも、事態は大学にまだ「深刻」と感じられていないことにある。かなりの数の泥舟が沈み出してはじめて、本格的な大学改革が生まれる。その時期は、意外にはやいのだ。ぬかりない人は、そんなときに慌てないためにこそ、事前に、脱出法を用意しておく必要がある。

❖楽なところに、甘い蜜を求めて蜂がやってくる

大学は、教師にとって、一種の「楽園」である。ところが、これが楽園でなくなりつつある。自由競争原理が導入されはじめたからだ。いわば、これまで味わったことのない、寒風が吹きはじめたのだ。もっとも、寒風といっても、世間ではまだ微風の類だろう。

かの蜂は、それでもやってくるだろうか。

❖――そして、誰もいなくなった

大学が、世間並みの競争社会になったなら、大学教師は、悲鳴をあげて、逃げ出すだろう。では、それに代わって、ぱしっとした教師が大学にやってくるだろうか。そんな教師の鞭に耐えうる学生がやってくるだろうか。そこが難しいところである。蜂にしろ、人間にしろ、甘い蜜を求めるのが習性である。その習いを根絶することはできない。したがって、大学改革に必要なのは、これまでの「甘さ」とは異なった「甘さ」――寒風のなかでも、教育と研究に情熱をもっている人をひきつけうるにたるもの――が必要なのだ。たとえば、給料はサラリーマンより安いが、長期休暇があるじゃないか、という具合にだ。お手盛りの人事はないが、そうおうの働きは客観的に評価される。等々。

そうでなければ、大学は、清潔、高潔、弧高で、教育と研究に限りないエネルギーを注ぐ「鬼」たちの住むところとなる。学生はもとより、普通の人間の住めないところとなってしまう。これでは、じつに困る。

繰り返しいいたい。大学は「普通の人間の住む時空」を軸に再建されるべきだ、と。

4　新教養主義の宣揚のために

4.1　情報と生活技術の多様化

❖知識人の変化

大きくいって、１９７０年以降、アカデミズムを代表してきた大学世界も、ジャーナリズムを代表してきたマスコミ世界も、大きく変貌しはじめた。

第１に、知識人といわれる人種が変わった。第２に、文体が変わった。第３に、大衆が変わった。これらは、いうまでもなくひとつながりの変化だが、この変化を根底で支えているものは、社会構造の根本的変化とその社会で生きる大衆（多数者）の生活様式の変化である。

現在の社会構造の変化を最も簡潔に表わす言葉が、**高度情報社会と高度消費社会**である。

知識と技術が「情報」という形を取って、パーソナル（パソコン通信をもじって、パソコミとでもいうか?）にも、ミニコミでも、マスコミでも、自在に流通する時代になった。しかも、知識と技術が、生産と産業の道具であった時代から、諸個人ひとりひとりが、消費生活のなかで、純粋に楽しむ時代になった。

かつてアカデミズムの権威が有効な時代があった。大新聞の論説が世論形成に与った時代があった。しかし、パソコンを媒介にしたこの社会では、個人発であるか、大学発であるか、大新聞発であるかに、情報価値に根本的差異はない。

例えば、長谷川慶太郎が発信する会員制の週刊「ニューズレター」は、全4頁で、正真正銘のパーソナル通信である。しかし、否、だからこそ情報価値は高い、といわなければならない。もちろん、秘密会員制と銘打ったマニア向けの情報とは違う。

だから、**大学も新聞雑誌も変化を余儀なくされている**のである。大学人やジャーナリストに大衆が要求するのは、指導理念や号令ではない。ノウハウであり、事実である。どうしたらいいのか、に対する**実際的で的確な解答**である。その**解答を支える「事実」の裏付け**である。

知識人とは、かつて社会にトータルな指導理念を示し、その指導理念実現のために大衆を導く人を意味した。その最も端的な言葉が「前衛」であった。（丸山真男は、「後衛」という言葉で自分を位置づけようとしたが、我こそは「前衛」だという意識の裏返しである。）

しかし、**現在、知識人とは、知識を対価にして生きる人たち**のことである。この事態を知識人の変質であり、減価である、と嘆く人がいる。嘆くに当たらない、というのが私の意見だ。**知識の機能が変わった**のである。知識人のありようが変わらないほうが不思議なのだ。

❖大衆が変わった

知識人の変化と大衆の変化とは、いってみれば逆方向である。

かつて知識と大衆との間には、深い溝があった。知識は、一方的に、知識人のほうから大衆のほうへ提供された。大衆は、終始、享受者、消費者にしかすぎなかった。しかも、知識が大衆的形態をとるとき、大衆が了解可能な形の場合、その知識は通俗知として、知の世界で差別された。

例えば、大学内では、専門仲間以外に了解不能な「学術論文」以外は、「雑文」として知的仕事（業績）に数えられなかった。思想分野では、その研究対象がどれほど現実に影響力をもっていたとしても、過去のある程度評価の決まった古典家たち以外を論究対象とすると、学術論文とは認められない、ということであった。現在におき直せば、フーコーはもちろん、デリダなんかを取り上げると、窓口でシャットアウト、ということになった。

現在、大衆に了解不能なものは、その論究対象がどれほど重要で、その分析がどれほど素晴らしいものであるように見えても、お蔵入りになる。誰も読むことのない「紀要」という大学人の同人誌で静かに眠る、という仕儀になる。一般化していえば、かつて読解不能ということは、読者が馬鹿である、ということを意味した。現在は、著者が馬鹿だ、ということになる。

現在、知識人と大衆との間に、乗り越え不能な壁は存在しない。大衆のなかから、さまざまな知が発信されるだけではない。**大衆が、ある一定の知的水準を超えると、知識人に移行**する。知識人とは、知を対価で生活する人のことだ。

大衆が、知識人になる道が大きく開けているだけではない。大衆の生活が、知的になっているのだ。知的でなければ生きてゆけなくなったのである。

もちろん、知の大衆化には、**愚昧化が付き物**だ。愚昧化の最大のものは、いうまでもなく、知識人の知的減価である。しかし、大衆が知的になることには、問題はない。最大の価値は、生活が知的になることだ。私たちの日常生活のすべての要素が、知的な色彩を帯びる。スポーツ競技、山登りをはじめとする自然とのふれあい、ドライブ、海外旅行、どれ一つを取っても、肉体と知識がかみ合わないと、うまく行かない。

❖――消費への中心価値移動

社会と個人に最大の変化をもたらしたのは、「消費」という構造・機能・価値の変化である。

第1に、第三次産業（サービス産業）が、第一次・二次産業を、所得額と就業数で上回った。

これを別な側面からいうと、個人消費が50%を超えた。**消費中心社会への転換**が完了したのである。日本では、個人消費が、国民所得の60%をすでに超えている。

第2に、単に産業構造が、個人消費中心に転換しただけではない。個人消費のうち、生存に必要な必需消費を選択消費の割合が超えた。日本は、バブル期の開始とともに、**選択消費の時代に突入**した。つまり、日本人の個人生活は、収入を半分に減らしても、生きてゆけるだけの余裕をもった、ということだ。飽食の時代である。

あるいは、これを全く逆の方からみると、日本人が、特に、今現在、これを買う必要はない、といって財布の紐を締めたなら、日本経済は大打撃を得る、ということである。ちょっとの買い控えでも不況が生まれる、ということだ。個人消費の1%低下が、国民所得のおよそ0・4%低下をもたらす、というわけだ。

第3に、したがって、個人的にも、消費の行動と意識が、その人の生き方を決める中心項目になる。消費は美徳か、悪徳か、という選択肢が通用しなくなる。消費は、長い人生行路においても、時時刻刻の日常生活においても、それをどのように配分するのかによって、人間の思考と行動のあり方を決定づける最大の尺度となる。

例えば、大学に進学するかどうか、である。経済上の損得ということならば、行っても行かなくても、生涯賃金には、それほど変わりはない。専門的な知識や技術を習得し、就職後それを活用するという点でなら、専門学校に行ったほうが効率がよい。大学を出たからといって、社会的な名誉も、賞賛もえられるわけではない。重要なポストが約束されているわけではない。大学に行かなければ獲得不能な「あるもの」によって、多くの人は、大学に進むのである。いってしまえば、浪費のためだ。浪費とは、他者にはまったく無駄に見える類のものだ。

しかし、この無駄、この浪費なしに、それ以降の生活の色彩が違う（と私などは思う）。一番大切なのは、無駄とか浪費の仕方を身につけていないと、現在、近未来をうまくわたって行くことができない、ということだ。**「浪費のすすめの倫理学」が必要な時代**に、私たちはすでに足を突っ込んでいるのである。

4.2 教育とビジネスの高度化

❖ 高学歴社会

高度消費社会は、高度教育社会が成立していないと、内容の薄いものになる。どういうことか。

高度消費社会とは、個人消費の半分以上が、選択消費に回る社会である。人間の生き方で、生産のための消費（生産には、子供の生産と養育も入っている）よりも、消費のための消費が、いうならば「浪費」が、比重の重くなる社会である。

したがって、教育も、労働力の再生産のため、マンパワー・ポリシーのためよりも、生活それ自体を有効かつ楽しく過ごして行くための知識や技術を提供することに、より大きな比重がかかるようになったことを意味する。つまり、従来、学校教育は、将来の職業能力を身につけるところ、あるいは、社会のなかで生きて行くための最低の知識や技術、さらに、体力、そして、マナーを習得する場所であった。小・中・高校で教えられる内容は、はっきりとこの2つの目的をもっていたのだ。

これに対して、高等教育機関の中心をしめる大学は、高度な専門知識と技術を修得し、学術研究・技術開発を担う場所であった。いずれにしても、専門家を養成する機関であった。大学進学率が10％を超えない段階では、大学の基本が専門知と技術の教授であったのも当然である。

しかし、１９７０年代、高等教育機関への進学率が30％を超え、大学は大衆化した。90年代には、ついに大学進学希望者が50％に達する。高校卒業後、さらに進学する人が５割を超えたのである。大衆が、文字どおり大学の主体になった。そればかりではない。

かつて大学の学部は、専門を修得する場であった。しかし、今や大学学部は、専門学のための入り口、足場固めの場所にすぎなくなりつつある。専門知と技術は大学院で、ということになる。

したがって、**大学学部**は、その目的と機能を大枠において変えた、といってよい。専門学に対して**教養学の修得が主たる目的**となる。知的専業者ではなく、市民として広い見地にたって生きて行く知識・技術・マナーを教授することを、主たる機能とするのだ。

高度教育社会は、大衆が高度な教育を受ける社会である。制度上は高学歴社会になる。高学歴とは、いわゆる学歴や出身校によって選別するシステムのことではない。いわゆる学歴社会は、国際比較という点で、日本では例外になりつつある。大学を出たからといって、有名校を卒業したからといって、エスカレータ式に恵まれた椅子が待っている社会ではない社会になりつつあるのだ。

❖――高度知識・技術社会

社会が高学歴を要求するのは、今日の社会が高度知識・技術社会であるからだ。大学4年間で、一般市民として必要な、国際社会でも通用する知識や技術を獲得する。その一般知＝教養知をベースに、大学院で高度な専門知や技術を修得する、というシステムが大衆を巻き込む時代になった。

しかも、高度知識・技術社会は、**高速社会**である。昨日の知識が、今日は通用しなくなる、ということが日常茶飯事に起こる。知識や技術が先端的になり、高度に専門化すればするほど、高速化が強まる。一つの専門的な知識や技術を習得したら、それで一生をカバーできる、ということなぞ到底不可能な時代なのだ。

したがって、知識や技術の体系が更新されるたびに、それに関わる人たちも、更新されなければならない。「教育」は、若い時期の、特定の年代に特有なものではなくなる。生涯、再教育、再再教育によって、**自分を常に再生（リフレッシュ）することを要求される**。

知識や技術のサイクルが高速化によって短縮されるということは、国際標準化と同じ意味である。ある特定の場所で通用するにしかすぎなかった技術が、あっという間に世界中をへめぐり、世界共通の技術になる時代である。したがって、高速に進化する努力を一瞬でもやめれば、先端技術地帯が、たちどころに停滞地帯に変移してしまう。

この意味でいうと、ハイテク社会は、多くの論者が診断するように、気の休まることのない社会である。**ストレスの強い社会**だ。したがって、逆に、多くの人に共通で永続的なシステムやライフスタイルが好まれる、ということにもなる。高速で技術革新して行く産業社会に対して、低速でリフォームする個人の消費生活――「自然との共生」などと呼ばれたりする――が、独特の意味や光彩を帯びてくる。

さらにつけ加えれば、高度な知識や技術は、大規模な装置や巨大な資金を必要とする重厚長大な産業から、ダウンサイジング化し、省エネ化し、ついにはパーソナル化する軽薄短小の産業やビジネスを主体とする巨大なネットワークのなかで、より有効に活動するようになる。**個人化とそのネットワークの拡大化**が、一方で、極限まで進む社会だということだ。高学歴化と自学自習

（独修）が、学校教育と自己開発が手を携えて進む時代だ、といってよい。
自分で、積極的に、自分の仕事と生き方を選択し、創造する可能性の高まる時代に、今、私たちはいるのだ。

❖──教育のビジネス化

大学は、研究と教育の機関である。両者は分離し難く結び合っている。しかし、大衆大学は、教育の機能をますます強めて行く。

たしかに、大学は産業社会、端的にはビジネス社会から、相対的に独自な目的と機能を果たしてきた。「象牙の塔」といわれたように、まったくビジネス社会と無関係であることが、大学の大学たるゆえんである、ともいわれてきた。

しかし、ビジネス社会と切断されることで、日本の大学は、競争原理が働かない、コストや効率性を度外視する、文字どおりの社会主義共同体のまま推移してきたのだ。社会主義システムを一掃するために、**大学の研究と教育の両面でビジネス原理が導入されなければならない**。これが、大学の自由化の基本方向である。

同時に、私たちは、高度産業社会、高度消費社会、高度知識・技術社会のまっただ中で生きている。サービス産業、個人消費、高度な知識や技術を繰り返し修得する自己教育を主体とする社会のなかにいる。もとより、サービスや消費の知識や技術は、教育サービスとしてビジネスの対象になる。それほど教育はビジネス化し、多様化している。いかなる知識や技術の修得でも、ビジネスの対象になる、ということだ。

大学も、このような教育のビジネス化の波を避けることはできない。大学が、ビジネスライクの原理だけで動くべきだ、といいたいのではない。しかし、比率からいえば、教育を主体とする大衆大学は、良質の教育サービスを最も効率よく提供する場に変貌しなければならないという意味で、**50％以上はビジネスライクの原理**で動くようなシステムになる必要がある。

大学教授の大半は、知識人とさえいえない状態である。なぜか。現代の知識人とは、知識や技術を専業として生きている人のことだ。「専業」とは、ビジネスとして、ということと同義だ。知識や技術を提供するビジネスの優劣は、最終的には、知識や技術の水準によって決まる。ところが、大学教授は知識や技術を提供するが、その水準は問われない。競争原理がまったく働かないからだ。

大学にビジネス原理を導入することは、第一に、**無能で無気力な大半の大学教授をお払い箱にすること**だ。少なくとも、新規に参入してくる大学教授から、無能・無気力な人間を排除することに繋がる。大学に活力ある知識人が参入してくる、ということだ。

さらにいえば、大学は、ビジネス原理を導入するだけでなく、その蓄積された教育、研究のノウハウと設備、さらには教員・職員・学生という膨大な人的資源をフルに活用して、教育サービスのビジネスを展開すべきである。大学以外の教育ビジネスとの競争に乗り出したらいい。大学を「開く」とは、ビジネスを開く、ということをベースにおかなければ、大学はさらに無力化する、とみて間違いない。

「**大学にはビジネスチャンスが落ちている**」。これが私の当面の標語である。

4.3 専門的教養こそ、知の主戦場である

❖──「教養」の新旧定義

もともと、「教養学」とは、部分的で実業的な知識や技術と区別された言葉であった。「リベラルアーツ」（liberal arts）、あるいは、「アーツ・アンド・サイエンスイズ」（arts and sciences）である。しかし、西欧社会特有の言葉ではない。空海が、平安初期に創設したのが「種芸種智院」である。直訳すると、Faculty of Arts and Sciences である。アメリカの総合大学（university）で4年間を過ごす学部名である。「文理学部」といってもいいし、「教養学部」といっても同じだ。

総合大学とは、大学院をもつ大学である。文理学部を4年間で修了して、大学院へ進む。その他にアメリカには、リベラル・アーツ（教養学）だけの単科私立大学（colledge）が、たくさん

ある。（ちなみに、種芸種智院をルーツとする大学が現存している。京都の種智院大学である。すごいでしょう！）

したがって、教養ある人とは、職業的な活動をする必要のない人、有閑人（スカラー）＝知識人を意味した。中国や日本では、「君子」のことだ。うんと切り縮めていえば、「読書人」である。大正教養主義とか、岩波知識人とかという意味での、教養人、知識人というのは、「本の人」のことなのだ。

「大学」の原型は、日本でも西欧でも、僧院・修道院である。実業と無関係だったのも当然だ。また、アーツもサイエンスイズも、今日的な意味で、産業や行政に応用されるようになったのは、近代以降のことに属する。つまり、教養学を修める大学で、専門実学（職業能力）を教えるようになったのは、西欧でも日本でも、近代産業の起こりとともにである。日本では、慶応や早稲田の私学が目的としたのは、「実学」であった。

たんなる学問＝教養学と区別されて、実学が大学教育の中心になるようになったのは、したがって、つい最近のことなのだ。しかし、「実学」も、実業＝産業と行政で直接使えるような知識や技術のことではなかった。実業が「応用」で実業学が「基礎」という関係にあった。

しかし、一方では産業と行政の要請があって、卒業後に直接役立つ知識や技術の修得を大学の基本とする方向が生まれた。この方向は、一方では、実業界や社会の変化と無関係に、私的で了解不能な奇論、珍論をもてあそぶ方向にたいする歯止めとなった。もう少しスマートにいえば、「象牙の塔」を口実に惰眠をむさぼる大学にストップをかけることになる。しかし、他方で、今、すぐ、特定の分野（だけ）で利用可能な知識や技術だけを研究し教育する職業・実業専門学校に大学を切り縮めて行くことになる。

❖――「教養」の廃止が問題か？

第二次大戦後、日本の大学が、専門教育ばかりに重点を置いて視野狭窄に陥り、日本の敗戦に一役買うことになった、という反省の下に、一般教育（教養教育）が見直された。大学に教養課程が生まれ、その課程を担う教養部が設置された。

しかし、「教養」教育の重視はかけ声ばかりであった。制度化は、まったく空洞化した。教養を教える能力を持つ教師がいなかった。そもそも教養部の教師は、専門学部から、制度的に差別されたばかりか、「教養」学という名の下に、専門学の薄まったものか、高校の延長のようなもの、あるいは、まとまりも知的刺激もない漫談にすぎないものに終始した。この意味で、教養課程と教養部の廃止は、合目的であった。

お荷物と化した教養課程を廃止して、何が出てきたか。

例えば、国立ＴＨ大学医学部である。教養科目がなくなり、びっしりと医学専門科目を並べた。

どうなったか。学生から、国家試験の「一般教養」問題に対処する対策を立てて欲しい、という要望が出た。教師の反応は、最近の大学生の知的関心が「低い」、である。だが問題は、受験の「教養」科目とは異なる「教養」学の重要性を省みず、簡単に教養科目を廃止しただけで終わった医学部教師の知的、学問的水準の低さ、視野狭窄のほうに、より多くある。

旧教養課程は廃止したがいい。旧教養部の教師は廃棄したがいい。しかし、**教養学は廃止しないほうがいいし、廃止もできない。**

1つは、知識や技術が専門化し、高度化すればするほど、学際知や超学知を含む総合知が重要になる。この命題には、二面がある。

一面は、大量の高度専門家（スペシャリスト）を必要とするとともに、彼らを統御する少数の統括者（ゼネラリスト）がいる、というイメージでの捉え方である。部分と全体という関係である。あるいは、従業員とマネジャーの関係だ。

もう一面は、高度な専門知を駆使するためにこそ、総合＝教養知が必要になる、というイメージである。つまり、優れたスペシャリストであるためには、ゼネラリストであることが条件になる、ということだ。私が強調したいのは、後者のほうだ。

2つは、**総合知＝教養知**をとりわけ強調したいのは、それが専門知に比べて修得するのに時間も手間もかかる、という点だ。困難なのである。

よく、専門は深くて狭い、教養は浅くて広い、といわれる。どちらが困難か。専門の事柄によりけりだが、間違いなく教養知のほうが困難なのだ。とりわけ、知と技術のフィールドがますます広大になり、しかも細分化し、底も深くなっている。現在、アリストテレスやヘーゲルのような諸学を包括する体系家が生まれないのは、当然なのだ。個体の能力が低下したのでは、もちろんない。あまりにも体系化すべき領域が広く深い（厚い）からだ。個人の学的努力の限界を超えているのである。

したがって、ゼネラリストがアカデミーの姿をとるのは、とても困難である。**ゼネラリストが総じてジャーナルな形態をとる理由**がここにある。学的な体系を、一つの原理の下に、有機的に結び合った学の全体像として実現するのは、至難の業である。一つ一つの領域を、その学的成果を背景にして繋いでいく持続的な努力の総体が、学の（暫定的な）全体像ということになる。これも、ジャーナリズムの手法である。

❖——新総合知のシステムが登場した

しかし、第3に、だからこそ、教養知＝総合知をめぐる知的格闘こそ、現在の知と技術の主戦場である、といってみたい。これに参入しない知識人は、その半ば以上の資格を放棄している、といいたいのである。

哲学が低調。総合知をめざした文化人類学が、迷走し、四分五裂の状態にある。総合新聞、総合雑誌は、気息奄々。教養部は廃止。教養的知識人は死滅。「総合」と名のつくもので、相変わらず隆盛を保っているのは、ゼネコン（総合建設請負業者）ぐらいなものである。しかし、旧総合知の死は、総合知自体の死を意味しているのではない。新総合知の誕生を要求しているのである。それに見合った人的パワー、システム、メディアを要求してもいる。

岩波の総合誌『世界』や『思想』は、すでに死に体である。朝日新聞社が、次々に試みる総合誌、オピニオン誌も、ばたばたと消える。これは、困ったことではない。しかし、新しい時代、情報化社会にふさわしい総合知を全面に押し立てたメディアは、まだ出てきていない。しかし、こんなことがある。

90年代、50％の進学率に近づいている大学にニュールックが登場した。総合政策学部（慶応、中央）であり、総合人間科学部（京都）である。今一つは、総合研究大学院大学、先端科学技術大学院大学（北陸、奈良）、国際大学である。つまり、総合学部と、学部のない大学院大学である。最先端の知と技術の高度な専門研究・教育と、高度な総合知と技術の研究・教育をめざす高等教育機関の出現だ。

このシステムの発動によって、専門知をめざすのでも教養知をめざすのでもない、「おかゆ」のような教育研究システムを敷いている学部教育は、退場を余儀なくされるだろう。

問題は、今日では、総合学部（の研究教育）システムの創設にかかっているのではない。**その目的と機能を実現するにたる能力を持った大学教授の登場いかんにかかっている。**

5 大学教授に冬来たるか？

5.1 「冬の時代」だって、笑わしちゃいけない

「あなた変わりはないですか～、日ごと寒さがつのります～」じゃないけれど、大学も大学教授も「冬の時代」に入ったといわれる。本当か？　一部のエリート大学は除いて、日本の過半を占めつつある「お寒く」感じている大学、とくに教授のことに限定する。

❖南の島に雪が降る

この15年、大学設置基準の大綱化（＝規制緩和）、大学院重点化、国立大学の法人化、大学評価基準の実施等、一言でいえば、大学の教育研究、管理運営に競争原理を導入する試みが文部科

学省主導で行なわれてきた。その背後にあったのは、定員の拡大が経営の安定に繫がるという、日本の高度成長経済期と同じような推移をたどってきた日本の大学の存立基盤が、少子化で崩れ、過半の大学で定員割れを生じつつあるという事態である。

日本産業は、「作れば売れる」という生産者中心の時代から、「買いたい物を作らなければ淘汰される」という消費者中心の社会に転換した。ひとり大学だけがその「圏外」にあって、2005年までやってきた「例外」が、終わったのだ。だから現在大学が直面するのは、「温室の時代」から、春夏秋冬のある**「普通の時代」への転換**であって、「冬の時代」や「大氷河期」への転換ではない。まずこのことを確認したい。

私の属する学部は、全入策を取らない、定員割れが生じる、内部充実は必要だが、同時に定員削減で臨む、というリストラ策で対応しはじめた。いい選択かに思える。

内部充実の目玉は、教育カリキュラムの標準（テーブル）化である。これまで教授が個々ばらばらにやるサービスの寄せ集めから、大学・学部が提供する知的技術的標準値を定める試みだ。遅いといえばその通りだが、ようやく教授サイドでまとまった教育サービスの総量を提示しだしたのである。

❖───昔10年に1本、いま1年に1本のペーパーは過重だって

しかしこれは教育サービスの「定食」(ダイエット)メニューの提示であって、それを料理して提供する教授能力、カリキュラムをこなし、学生に適正かつ魅力的な教育サービスを提供できるかどうかの問題は未解決である。

教育のための研究(トレーニング)は教授の最低の義務である。メニューだけでなく料理テキストが必要だ。それを自分で書いて、教員として一人前だろう。

教育能力の前提になるのは研究能力である。研究はできるが教育能力が欠如している人は、トレーニングすれば修正可能だ。しかし研究能力がない人が教育能力をもつことは、たんなる他人の原稿を読むスピーカーでないかぎり、困難だ。正直なところ不可能とみなしたほうがいい。

この3年間1本も論文がない。5年間でわずかに1本だ。こういう人がいまなおいる。「第三者機関」の業績審査でバツが出る。補助・助成金査定に響く。こんなことが囁かれる。恥ずかしいね。

かつて10年間に1本も研究論文を書かなくても、平気でいられた時代があった。旧慣例で、この10年で例外になった。しかし、短期1年で4本、中期3年で著書1冊、長期10年で主著1冊程度を書く計画をもたず、実際に実現しないで、大学(学問府)の研究者といえるのだろうか。

ところが、周囲を見わたして、この程度の研究者でも数人にすぎない。もっとも第三者機関の

審査といっても、ペーパーの内容チェックではない。論文名のある「紙」でいいのだ。多くの大学で出ている「紀要」には、「紙」同然の（自分も読まない）「論文」が載っている。

こんな紀要は廃止せよといいたいところだが、それをすると、発表する場がなく、実績ゼロになるから、できない。

❖――給料が2分の1になった。あなた大学教師を辞めますか

おそらく過半の大学の教授は、このまま定員割れが続いたら、大学倒産の事態を招き、失業し、生活破綻に追い込まれる、と恐れているのじゃないだろうか？

自由競争社会である。潰れるから更新（イノベーション＝リストラ）がある。正確にいえば、更新を嫌えば潰れるというのがノーマルなのだ。更新しても潰れることが、稀にだがある。

大学のイノベーションにはさまざまあるが、基本は教授力の更新である。教育研究能力を磨き続けていれば、なにも恐れることはない。これが私の持論である。否、教育、研究、経営を問わず、世界の常識だろう。

正直なところ、**アメリカの大学の実情**を調べて驚いたのは、**教授の給与が低い**ことだ。**およそ日本の半分**である。過当競争があり、格差があるからだ。ただし長期休暇がある。そこで自分のしたいことができる。研究であれ、レジャーであれ、自由にできる。**「金」より「時間」を選択**

する人が、教授をめざすというケースが多い。

日本の大学は、よほど乱暴・乱雑なことをしないかぎり倒産しない。ただしアメリカ並みの給料にすればだ。問題は給与である。アメリカ並み、現行の2分の1になったら、大学教授を辞めるか、である。実際に、辞める人は、辞めることができる人は少ないんじゃないか。（私が若かったら、絶対辞めない。）

それに大学進学率アップをもっと真剣に考える必要がある。大学無用論の進行を止める手だてだ。これは大学内でやってすむことではない。大学の存在は学生にとっても、大学教授にとっても、必要だ、という社会的認知が必要なのだ。エッ、無理だって？

5.2 それでも大学教師の生態は変わった

大学教授は、なるのは難しかったが、ぬるま湯できた。教授だけでなく、経営者も職員もである。困ったことには違いなかったが、好条件がこれを許した。しかし温度はかなり下がった。自家焚きしなければ冷え上がる程度にはなった。「自助努力」といったら大げさだが、教授の生態が一変する事態さえ生まれた。その典型例を3つほど挙げよう。

❖——休講がなくなった

もっともめざましいのは、授業「時間」厳守になったことだ。

第1に休講がなくなった。やむをえない理由で休講する場合でも、補講を必ずする。休講は教育サービスの放棄（サボタージュ）であり、受益者権利の侵害（詐欺）に当たる、などというものさえいる。

授業の開始と終了が適正になった。朝9時、開始のベルを聞きながら教室に向かう。終了のベルとともに授業が終わる。だが、どうということもない。問題は慣れである。よほどのことがないかぎり、朝7時台に大学に着いて、授業内容の点検をする。それがプロの習性だろう。

ただしかつては、30分遅れて10分早く授業を終わっても、どこからも文句は出なかった。現状では、そんな教師は日本広しといえども、存在できない。

私はかならず毎回Ａ４で40行のレジメを配布する。学生からはさして反応がない。しかし配布実数で出席総数がわかる。

成績評価は、ぐーんと易しくしなければならなくなった。私は試験廃止論者ではない。過半の大学で、試験がなければ学ばない・テキストを読まないという学生がほとんどだからだ。この事情は、私の経験則からいうと、今も昔も変わらない。

学習意欲はもとより、復習も、自学自習の習慣もない学生に教えるのはとても難しい。難しいが、諦めたくない。それが40年余、夜学や無名大学で教えてきた教師の矜持なのだから、情けないことではある。

❖──セクハラがなくなった

少なくともいまから20年前まで、教師によるセクハラは珍しいことではなかった。よほどのひどい被害以外は「犯罪」であるという意識が大学共同体内にはなかった。せいぜい評判の悪い教師に黄信号をだす、これが対応の基本だった。しかし、学内事情を知らない編入生や大学院の新入生がときに犠牲になることがあった。悲惨である。

現在、セクハラはほとんどなくなった。露見したら一発でレッドカードが出ると覚悟しなければならないからだ。組合も守ってくれない。突然「退職」する教授がいたら、過半はセクハラのゆえではないか、と疑う理由がある。非常にいやな言い方だが、「商品に手を出すな」が以前の暗黙の了解だったが、現在は「お客に手を出すとは何事だ」ということで、即、懲戒免職の対象になる。

教授の学生サービスは、授業以外にも、オフィスアワー、コンパ等のコールに応じなければならない。コンパは難しい。20歳未満に酒タバコは許されない。私は酒飲みだからいいが、酒の飲めない教授が学生とコンパする図を思い起こすと、同情を禁じ得ない。

ゼミの学生の就職の相談にひっきりなしに応じる。これも三流大学では「義務」のひとつだろう。学生に就職試験のチャンスを増やすよう、熱心に説かなければならない。どこにも就職口を見いだせなかった不器用な学生には、世話をする必要もある。学生との関係は、ゼミの授業よりも、就職に関する問題でヒートアップする。疎かにできない理由だ。就職問題には、多少とも人生問題が関わっているのだ。なおざりにできない。

❖——派閥抗争は減った

大学教授は「政治」が好きだ。ただし、政治性向が強いゆえではない。大学には学内行政、とりわけ人事問題が目白押しだからだ。学長、学部長、教授新採用・昇格等々の人事である。すべて教授が参加する選挙（会議）の多数決で決まる。基本は自由＝秘密投票だ。独裁政治を敷いている大学もあると聞くが、まともな大学であり続けることは難しいだろう。

どんなにいい政策を掲げても、人望がなければ票は入らない。人望があっても、多数を形成しなければ選ばれない。多数派を形成しようとして奔命する理由である。たしかにコップの中の嵐のように見える。だが新任や再任人事は、大学の研究教育の質を決定づけるほど重要な問題である。もっと真剣になってしかるべきだが、人望がなければどんな素晴らしい研究能力の持ち主でも新任候補を推薦できない。

現在、派閥はなくなっていない。ただしはるかに緩やかな形になった。内輪もめしている余裕がなくなったせいもある。しかし根本は、社会主義の崩壊で、日本社会に存在した旧派閥がいちじるしく力を弱めたことによる。それに50代以前の教授が「内向き」になっているせいだろう。他人と争ってまでして、評決で自分の望みを実現しよう、というエネルギーに乏しいのだ。

かつては教授会が深夜にまで及ぶことも稀ではなかった。侃々諤々といえば聞こえはいいが、自説を専ら主張し一歩も退かない、という事態が続いた。消耗戦に近かったが、いま思えば懐かしい。しかし絶対に後戻りしたくない。

派閥抗争も弱まった。教授会も効率化され、時間遵守に変わった。いいじゃないか。

5.3 変わらないもの、変えるべきもの

大学教授は根本的な点で変わる必要がある。教授能力の向上を図るためにである。「好きでこそ学問」という。「学問好きでこそ教授」である。そのためには、日本の教授採用・評価システムは、まだまだ甘い。

❖——45歳以上、契約制の導入

大学教授の呼び方が変わった。教授、准教授、講師、助教、助手である。しかしどう変わろうと、日本の大学教授の基本システムはいまなお年功序列制であり、終身雇用制である。極端な平等主義である。

たしかに任期制の教授（客員教授や特任教授）が増えた。歓迎すべきことだ。しかし一度常勤に任用されたら、助教、准教授、教授へと、業績さえクリアーすれば（論文さえ書けば）、なかばオートマティックに進んでゆく。書かなくとも年齢が来れば、よほどのことがないかぎり教授になる。こんな温室状態では、よほどの研究好きでないと研究教育に奔命しない。昇格・昇給基準は甘く、上昇は自動的で、いったん教授になれば、休眠しようと降格・降給はないからだ。

アメリカは、テニュア・トラック（終身在職権獲得の試用期間の5〜10年の間）に乗った助教が、テニュアを取って、教授・準教授になる。このトラック期間がハードだ。ただし教授になれば、そのほとんどが休眠するということだ。この点は日本と変わらない。これでは教授力を上げることは難しい。

私が以前から提唱しているのは、原則45歳までは任用期間10年で、研究教育活動に没頭する余裕を与えられる。45歳以降は、2〜5年の任用期間でフリーエージェント制を取る。前者がセミプロ集団だとするなら、後者はプロ集団だ。再任できなかった教授は、待機期間（たとえば2年限度）を研究や研修ですごし、再チャレンジする。不適者は去る。
つまり一定の研究教育能力をもったものの適者生存を図るプロのシステムを作ることだ。

❖大学評価基準

大学の自由化等、文科省主導の改革は、飴（補助・助成金）と鞭（大学評価）で大学と大学教授に負担増を強い、教育研究の荒廃を招いた元凶だというような批判がある。基本は誤っている。誰がするにしろ評価基準と評価は必要である。必要なのは、教授能力の強化という点で、**アメリカより激しい自由＝競争化**である。

多くの大学と教授が陰ながらビクついている「大学評価」には**根本的な問題**がある。「第三者機関」（財団法人日本高等教育評価機構）は文科省のお仕着せで、その審査＝評価基準項目と評価が、**内容に踏み込まない数量・文言によるもの**だからだ。そんな基準や評価さえクリアできない大学や教授が存在することのほうが問題だろう。

しかし評価である。全国の大学の教授の業績評価だけでも、10数人のスタッフでできるわけがない。5年間で論文を何本書いたか、今年は何本書いたか、を報告させ、数がない、足りないのをチェックし、評価基準に満たない場合、勧告し、レッドカードの場合は補助金、助成金をカットする。（この程度をクリアできなければ、税金である、カットされて当然だ。）

評価は必要だ。だが**文科省主導とは情けない**。大学や教授が自主的に基準を設定し、内容にわたってまで審査できなければ、プロ集団といえない。

❖——短期、中期、長期の研究・教育目標

大学教授が、講義（教育）はおざなり、研究は趣味、ですますことができたのは、もうかなり以前のことだ。いまやそうはゆかない。しかしこれは「労働」強化の類を意味するわけではない。それなのに、教授も定刻に出勤し、定刻まで大学内で勤務すべきだなどという声が強くなっている。私の大学でも聞こえている。間違っているが、まだまだ教育適当、研究おざなりが目につくからなのだ。

よく、競争主義、成果主義が研究をダメにするといわれる。逆だろう。**競争があるから頑張れる**。（競争がなくても頑張れる人は天才だ。）成果をださなきゃならないから研究に奔命できる。締め切りがあるから一定の成果が出る。（もちろん競争・成果主義には弊害もある。だが弊害よりも長所が大きい。）

プロの教育研究者である。短期＝1年、中期＝3年、長期＝5～10年の目標を設定し、それを実現するためにハード・ワークをして当然である。研究である。成果が出ない研究はその名に値しない。**文系なら分野を問わず、1年（春夏秋冬）4本、3年で1冊、10年で1主著というのが**

「基準」だと思いたい。それができない人、そんなハードなことなんて、という教授はとっとと教壇から去ったらいい。研究者の看板を下ろすことだ。

好きで教授の道を選んだのなら、夢中になれといいたい。私の先生は定年前に大学を辞めた。80歳になっても研究に没頭している。早朝起きて机に向かい、書いている。私も先生には負けたくない。

教授＝研究教育者としてやることをやっていれば、第三者機関の評価なぞにビクつく必要はない。社会の評価にさらされてもＯＫである。

5.4 教授力が根本だよ

大学である。ビジネスではないがビジネスの側面がある。学生（ユーザー）が望む教育（サービス）をしなければならない。施設・設備を充実かつ魅力的にし、学生生活や就職の便益を図るサービス等の強化は必要だ。しかし大学の売り（魅力＝選好基準）の第1はすぐれた教授力である。

❖――売りはタレント力

「学部」をファカルティ（faculty）という。能力のある人（タレント）の集団である。大学が、とくに無印大学が第1に目ざすべきは、タレント（the talent）を見いだし、採用し、後押しすることだ。（この努力は本当になおざりにされている。）タレントとはいうまでもないが、その基本は教育研究能力のある人のことだ。

どんなに設備がよく、どんなに学生向けサービスをよくしても、教育サービスをする主体である教授の教育研究能力が素寒貧（プア）では、話題を一時集めても、すぐにぽしゃる。

タレントを集め、その能力を存分に発揮させるには、現在の大学の「平等主義」はまことに厄介だ。それゆえに45歳以上のフリーエージェント制への漸次的移行が必要なのだ。ただし平等主義の下でもタレント重視でやれることはたくさんある。

ただしタレントも一律ではない。主活動によって①教育②研究③教育研究に大別する必要があるだろう。

❖――研究4、教育4、行政1、地域1では困る

大学教授である。教育研究にだけ専一できたらどんなにいいだろう。しかし学長、評議会、部長会、教授会、各種委員会がある。理事会等の経営サイドのシステムもある。人事権等を全部教

授会が放棄できたらどんなに楽だろう。（だがここでの議論ではない。）

つまり教授にも学内行政や地域・課外活動に力を割く必要がある。アメリカには研究大学と教育大学の区別がある。日本にはない。あればいいとも思わない。大学教授のワークの基本は研究だからだ。

私（69歳）の実態は、研究8、教育2で、行政や地域活動に時間をほとんど割いていない。50代のなかばまではそれなりに行政も地域活動もやった（やらされた）。ただし、大学外の活動で、大学に資すると思えることは、現在でもかなり大きい割合でやっている。教育活動と同じくらいの割合だろう。

教育や行政（や家事）が忙しくて、研究に時間を割けないなどという教授が多い。しかし研究4、教育4、行政1、地域1では困る。せめて、教育サービスの質を落とさずに、研究6、教育3、行政・地域1の割合が必要だ。

❖大学の死

日本の大学は過当競争ではない。弱小大学が学生（ユーザー）の要求（インタレスト）に応えるだけのサービスを提供していないだけなのだ。正確には、ようやくのこと応えようとしだしたが、その方向が誤っている。対応策で最重要なのは、研究教育能力のある教授の獲得である。既存の教授の研究教育能力の特段の開発と向上である。この目的を達成するためには、現在すすめている文科省主導のＦＤ（Faculty Development）制度はほとんど有効ではない。そのＦＤ評価基準の中心に教授の研究教育能力を実質評価する基準がおかれていないからだ。

ただし問題はもっと深刻である。研究能力の形式的査定を示す論文数を提示できない教授が多数いるからだ。実質的に論文を審査したら目も当てられないという現状があるからだ。しかももっと悪いのは、この惨状を打開する方途が間違った方へ向かっていることだ。

大学教授が論文、著書、主著の類の業績を出さない。その研究活動の実態が他者には見えない。当然、無為に過ごしていると思われても仕方ない。研究をしない教授をさせるようにするにはどうするか。「強制」しかない。定刻に出勤させ、研究室に籠もらせ、研究しているかどうかを監視する。幼稚だが、こういう考えが出てくる。実施段階に入っている大学もある。

これは「角を矯めて牛を殺す」の伝である。大学の研究室に閉じこめたら、研究しない教授がするようになるか？　研究がはかどるか？　否である。逆に、研究熱心で、研究実績のある教授の研究を疎外する。大学から自主的に研究する教授がいなくなる。大学が教育研究の場でなくなる。教育の衰退に直結する。これこそ大学の死、最終的な死である。

6 それでも大学教授になりたい人のために

テーゼ風に、簡潔に、メッセージを伝えよう。

1 大学教授とは、気楽な稼業ときたもんだ

生産と労働が、人間の生きる活動の中心位置をずらす時代に私たちは生きている。会社や家庭の「労働」が、人間の生きる中心を占めなくなったのである。

そんなとき、かつては、有閑者の仕事と思われた大学教師の「仕事」は、新しい時代の生き方を先取りしたものに転化した、といってよい。

しかも、日本では、今のところ終身雇用制で、がっちり守られている。転配も、単身赴任もなく、自由気ままに、己の欲するままに生きることができる。

2　偏差値50でなれる職業

大学教師には、資格はいらない。特別の能力はいらない。ただ、定職につくのは、普通の会社勤めよりも、ほぼ10年遅くなる。「研究」期間を持つからだ。この間、無給である。この期間、しかるべきところで、専門家になるべく「修行」を重ねたら、たいていは、職にありつくチャンスが訪れる。

つまり、忍耐強く、「勉強」することが嫌いでない人なら、誰でもなれる、ということだ。もっとも、この10年間、ひたすら勉強に励む、というのはそんなにやさしくない、とだけはいっておこう。

3　収入は、若いときよくない。しかし、高齢者になれば、天国

定職についても、収入は、家族を食わすのがやっとである。しかし、40代で普通になり、50代以上は下がることなく、60代は天国になる。ここでは、老人だからといって、天引きにあうことはない。

しかし、給料は、家族の生計費ではあるが、知的な活動にも使われなければならない。研究費は少し出る。だから、研究費の大半を給料以外から捻出できなければ、研究活動はできない、と見なければならない。

でも、研究にこだわらなければ、こんなにいい給料の仕事は、内容に比較して、ないのである。

4 大学教授になる最短距離は

4・1 しかるべき博士課程を出ることである。東大、京大なら、申し分ない。
4・2 しかるべき学術専門論文を書くことである。学術専門雑誌に載ると、申し分ない。
4・3 しかるべき有力教授の「弟子」になることである。これはよく調査して、見栄えで自分の教師を選んでは、一生の不作となる。
4・4 日本の有力な大学院には入れない学力の持ち主は、欧米の大学院に行くといい。これは、そんなに難しくなく、入れる。
4・5 「国際化」時代である。多様な分野に将来進める「専門」（非専門）を専攻するといい。境界領域の稀薄な分野である。ひところ、人類学が流行った。就職の間口がうんと広がる。

5 費用を惜しむな

大学教授になるコースはさまざまにある。しかし、慎むべきは、電話や手紙で就職相談や依頼をする、つまり、ただで、情報を聞こうとする態度である。これは、もってのほかだ。

大学教授になる・であるためには、その「修行」中も含めて、家一軒分くらい建つ費用が必要である。けちでは、なれない。けちは、なってはいけない。ただし、大学教師は、けちが大部分だ。これには、理由がある。（長くなるので、割愛。）

6　企業からの転職、歓迎

企業や専門職からの転職は、時間を掛け、準備をしてやると、間違わなければ成功率は大きい。ただし、体力も気力も失せた人は歓迎できかねる。官僚は、まっぴらだ。

7　日本研究のできる外国人、歓迎

外国人で、日本研究で優れた仕事をできる人は、引っ張りだこである。自国語を話せるだけの人は、ごめん被りたい。

8　リクルート機関ができる？

近いうちに、大学教師のリクルート専門情報誌が出現するはずである。この分野の就職斡旋業が、ビジネスの対象になりつつあるということだ。これはいいことだ。世界の大学の情報も公開して、一大マーケットを形成すると、大学教師の質も、ずいぶん変わる。

9　大学教師になるのは、今がチャンス

大学教師も、自由競争になれば相応に大変になる。なるのは簡単だが、なり続けるのは難しくなる。だから、現在のさまざまな「特権」を享受できる日本では、今のうちがチャンスである、といってみたい。

10　未来ビジネスとして、有望

子供の数が減る。大学受験者の数が減る。こういわれ、「大学冬の時代」などと宣伝されている。しかし、高等教育の充実は、量的拡大も含めてこれからである、というのが私の予想だ。しかも、マーケットは、全世界に広がっているのである。日本研究は、世界の流行なのだ。よろしく準備して、この時流に乗ろうではないか。

私は、これらを、ギャグでいうのではない。詳しくは、『大学教授になる方法』の正・続編、『新大学教授になる方法』を参照してもらうほかない。ただ、高度情報社会にフィットする能力を持つ大学教授とは、存外に難しい、とだけ、最後に断っておこう。

初出

初出をあげる。ただし、各論は例外を除いて、原則現在（２０１１年７月）の地点に立つものに、書き改めた。

０　「大学少子化 大学教授の『仕事とカネ』」（特集・大学教授失業時代　『ＺＡＩＴＥＮ』財界展望新社　２０１１年７月号）

１　拙著『現代知識人作法』（青弓社　１９９５年）所収

２（２〜９まで）「こんな教師はごめんです　教育のための研究を」関西学院大学総合教育研究室設立20周年記念講演会（１９９２年10月28日）用に準備したもので、拙著『大学〈自由化〉の時代へ　高度教育社会の到来』（青弓社１９９３年４月30日）に収録

２・10　「日本の知的損失に果たす教授の役割（大学教授の知的水準）」（川成洋編著『だから教授は辞められない』ジャパンタイムズ１９９５年10月５日）

２・11　「大学改革はまず教授改革から（「学問の府の再生は可能か）」（川成洋編著　前掲書）

３・１　「大学教授の無教養を、まずなおそう」（インタビュー：特集：理性の平年値）『New

Paradigm』(NTTData広報部　1992年5月)のち拙著『大学〈自由化〉の時代へ』(青弓社　1993年)に収録
3・2「大学教師の質の向上をはかるために、自由競争原理の教育システムの導入を(特別企画・識者51人に聞く二十一世紀私の教育提言)」進研ニュース/中学生版(福武書店1994年1月1日)
3・3「大学難問アラカルト」拙著『大学は変わります』(青弓社1993年)所収
4「現代知識人の変容――教養知の可能性」『現代知識人の作法』(青弓社1995年)所収
5「大学教授に冬来たるか?」『中央公論』(2009年3月号)収録
6「それでも大学教授になりたい人のために(あとがき)」(川成洋編著　前掲書)

[著者紹介]
鷲田小彌太（わしだ・こやた）
1942年北海道札幌市生まれ。1966年大阪大学文学部哲学科卒業。1972年大阪大学大学院文学研究科哲学・哲学史専攻博士課程終了。三重短期大学教授を経て、現在、札幌大学教授。哲学・倫理学を担当。評論活動、エッセイ、人生書等の執筆も精力的に行なっている。著書は、彩流社刊「鷲田小彌太《人間哲学》コレクション」、『イラスト・哲学「仮想（ヴァーチャル）」大討論会』（彩流社）、「鷲田小彌太書評集成Ⅰ～Ⅳ」（言視舎、Ⅱまで既刊）ほか多数。

カバーイラスト………野崎一人
本文DTP制作………勝澤節子
編集協力………田中はるか、出川錬

こんな大学教授はいりません
「淘汰の時代」に求められる人材

発行日❖2012年2月28日　初版第1刷

著者
鷲田小彌太

発行者
杉山尚次

発行所
株式会社言視舎
東京都千代田区富士見 2-2-2 〒 102-0071
電話 03-3234-5997　FAX 03-3234-5957
http://www.s-pn.jp/

装丁
山田英春

印刷・製本
㈱厚徳社

ISBN978-4-905369-25-7 C0036

言視舎刊行の関連書

978-4-905369-04-2

鷲田小彌太書評集成Ⅰ[1983－1990]

甦る1980年代

ページをめくると1980年代が甦る。80年代——ソ連や社会主義は死語ではなく、消費がキーワードとなり、日本社会はバブルの絶頂期へ駆け上っていた。時代精神を体現する名著、いかにもな流行の書ほか、読書人の「懐かし中枢」を刺激する本、満載。

鷲田小彌太著

四六判並製　定価2000円+税

978-4-905369-13-4

鷲田小彌太書評集成Ⅱ[1991－1997]

失われざる1990年代

本当にバブル崩壊以降は「失われた10年」なのか？高度資本主義が未知の領域に達するなか、日本社会は阪神淡路大震災、地下鉄サリン事件、金融システムの危機、グローバル化に揺れていた。本を通して混迷の90年代を読む。

鷲田小彌太著

四六判並製　定価2000円+税

言視舎が編集制作した彩流社刊行の関連書

978-4-7791-1079-5

イラスト・哲学「仮想ヴァーチャル」大討論会

哲学者20人が時空を超えて重要問題を徹底論議—ワシダ教授が古今の大哲学者20人を招いて開く、哲学議論の紙上饗宴。時空を超えて哲学者たちが重要問題を徹底論議！イラストの絵解きがつき、それぞれの哲学の核心がいっきにわかる1冊。ブックガイドも充実。

鷲田小彌太著

A5判並製　定価1700円+税

978-4-7791-1092-4

北海道の逆襲

笑う地域活性化本、第3弾。北海道は住んでみたい土地ナンバーワンでも、過疎、補助金依存体質など、逆襲すべき問題は山積。問題を解決するため、足元で“凍っている”未来のお宝を発掘・活用する方法を具体的に提案する。

井上美香著

四六判並製　定価1400円+税